우리 말♥글 사랑

東方文字, 書契, 訓民正音, 韓契

우리 말♥글 사랑

빈터·无空 金定洙

문경출판사

책머리에

　본인은 우리말·글의 옳고 바른 쓰임에 뜻이 있어 '한말글 사랑' 한밭모임에 참여, 활동하고 있다. 본인제기(本人提起)의 토론주제 (討論主題) ① 일부 어문·사학자(語文·史學者)들의 주장(主張)─황하문명의 은허발굴(殷墟發掘) 골각·갑골(骨刻·甲骨) 문자는 동이족 (東夷族)창제인 동방문자(東方文字)로서 삼한(三韓)의 서글(書契)─한글(韓契·韓字)로 발전? 중국은 동북공정의 일환으로 뒤늦게 여기에 육서(六書)를 적용·구성하여 한자(漢字)로 했다? ② 한글(韓契)=한자(韓字)라면 한글애용·중용(愛用·重用), 전용(專用─순수한 말·글의 기능중시? 국수적1) 국적중시?)? ③ 우리말과 글의 '옳고 바르게 쓰기' 확산 방안─등으로 오늘에 이어오고 있다.

　그 나라의 '얼이며 가치(價値─Value, Worth)'인 그 나라의 말·글은 그 나라 사람들이 주인·주체가 되어 사랑하고, 옳고 바르게 쓰되 더욱 발전시켜 그 쓰임새를 전세계적으로 확장·제고(擴張·提高)시켜야 한다. 그런데 작금의 우리현실은 어떤가― 스스로 지도자인 사람일수록 우리 말·글을 폄훼·타락(貶毁·墮落)시키고 있지 아니한

---

1) 모든 생활에서 우리말·글만 써야 한다는 주장.

가—본인은 이러한 딱한 현실[2]을 맞아 국민의 일부, 특히 영향력 있는 교육자, 문인, 언론인, 경영인 등의 관심을 기대하며, 이제까지 써서 발표했던 관련글들을 모아, 우리말·글 연구의 쏘시개(Tinder)가 될까하여 책으로 엮는다.

수고해 주신 문경출판사에 감사드리며, 독자분들께 '한말글' 사랑을 거듭 부탁드린다.

2024년 12월 1일
빈터·无空 김 정 수

---

[2] 이에 더하여—우리 말·글의 연구분야도 완벽한 완결을 못한 채 요절한 주시경 (1876~1914) 선생에 이은 학자들로 최현배(1894~1970), 진태하(1937~2018), 일부 향토사학자들 뿐, 미래지향적 국가 어문정책도 사라진듯……

차례

■ 책머리에 · 8

Ⅰ. 詩 – 노래로 읊고

한글 ·맛 :멋 ———————————————— 15
한글 사랑 ———————————————— 17
다르마메(Dharma山) 투시타 빔터(Tusita庵)에서 ——— 19
한글 사랑 ———————————————— 21
한글 자랑 ———————————————— 23
한말글 ————————————————— 25
동방문자=서글=한자(東方文字=書契=韓字) ———— 27
제언시 '스믈여듧쫑' ———————————— 29

Ⅱ. 散文 – 글월로 쓰고

한글의 빼어남 찾기 -온누리글로 만들기- ———— 33
'…싶다'와 '…같은데요' ——————————— 35
국문학의 개념을 정립시킨 김만중 -서포의 우리말 사랑- — 37
송강 정철(松江 鄭澈)의 속미인곡(續美人曲)
　-송강의 우리말 사랑- ——————————— 56
행동하는 한말글 사랑 모임 ————————— 66
정책토론회 '서포 문학 테마파크조성(안)' ———— 67
대전 서포문학창조단지 조성 ————————— 70

'위어'(우여 X)가 맞다 ——————————————— 83
불교 경전표기로 본 한글의 뛰어남 ——————— 85
어떤 광고 ————————————————————— 87
왜들 이러나… ——————————————————— 89
『훈민정음 해례본』(원본)을 보존한 광산김씨 긍구당 — 91
한말글의 세계어화(世界語化) —————————— 97
말씨는 사람됨의 드러냄이다 ——————————— 105
내로남불 ————————————————————— 111
요즈음 강경(江景)의 '우여(×)·위어(○)'회? ———— 113
한국어(韓國語) 소고(小考) —————————————— 115
한말글(한말, 韓字–書契) 사랑 ——————————— 126

Ⅲ. 餘滴 – 이야기로 보태다

내 故鄕 숲마을[林里] -고향사랑- ———————— 137
조선의 숨겨진 인물 -선조사랑①- ———————— 144
情出於近 禮出於情 -선조사랑②- ———————— 156
祭禮小考 제례소고 -선조사랑③- ————————— 158
大田의 近代建築文化財 小考 -고을사랑- ————— 167

I. 詩
시

노래로 읊고

한글·맛:멋

·맛

앎을 풀어 알음
알음을 아름으로 읽어
아름다운 꽃마음 한아름
한글을 앎은 아름다움

삶을 느리게 살암
살암은 사람으로……
사람다운 삶
한글을 앎은 아름다운 삶
'한글사랑'의 삶

:멋

나 + □ = 내 = 남
이 땅에 나만 있다고
마음 둘레에 울타리 치면
나도 남.

냬-□=남-□=나
남도 나와 같아라
담 헐고 한누리에 살면
남도 나.

모래알 낱들로 모인 우리 겨레
한글로 뭉쳐지는 한마음 나,
하나로 무리되게 하는 우리글
큰 글, 밝은 글.

-시작 노트-

  흔히 한글의 우수성을 쉽고, 과학적이며 IT와의 연계성 등에서 찾는다. 그러나 한글은 사랑할수록 그 매력이 무한함을 느낀다. 「산」을 「산」, 「마음」을 「맘」「몸」으로 표기하면 그 나타냄이 머리(생각)와 가슴(사랑)의 동일성(한결같음)이 「참마음」, 한자어 囚처럼 「나를 □안에 가두면 나도 내가 아닌 남」 등 상형적, 철학적인 해석의 가능성, 글자만 봐도 그 형상이 느껴지고(큰, 긴—…) 움직임이 느껴지는(흔들흔들, 비틀비틀, 꼿꼿…) 형동태 (形動態)와의 일치성, 이들을 서예작품화 할 때 행동태로 나타낼 수 있는 한글의 맛과 멋……
  이러한 맛과 멋을 느끼면서 한글을 접한다면 더 깊고 진솔한 한글사랑의 생활화가 가능하지 않을까―.

한글 사랑

한말글 「素月노래」
어린애도 읊조리고,
옛 이야기 지즐대는 실개천 「鄕愁」는,
부르면 말맛·멋이 뜻한대로 살아난다.

꾸밈, 움직씨 보이듯이 쓸 수 있고
기쁨, 슬픔, 아픔일랑 읽어도 느껴진다.

예쁜 소리 주고 싶어
애기 이름 짓다 보면
보람, 새롬, 송이, 아롱.
그저 고운 한글 이름.

누구라도 쉬이 익혀
제 뜻 옳게 나타낸다.

살아가며 제 살 아끼듯
다투어1)
한글 사랑

---

1) 다투다 ; 대단히 소중하게 여기거나 아끼다.

다르마메(Dharma山) 투시타 빔터(Tusita庵)에서

남(南)녘 바닷가
땅끝 마을 다르마메,
바위틈 자갈로 메우고 닦아서 이룩한
제비집 빔터…… 투시타.

이름에 솔깃하여 큰 맘먹고 먼길 오다.

행여 구름위 사람될까……
하늘 놀이 가듯 한 발, 또 한 발.
늙은 몸 한나절에 오르다.

아!
펼쳐지는 하늘, 바다, 바위, 솔밭, 그리고 바람……
볼것들 너무 많아 차라리 눈을 감다.
발밑에 안개만 드리우면 예가 곧 선계(仙界)인데……

좁은 터 메운 사람, 사람들.
구경은 제쳐두고 두 손으로 비는 소리, 소리들.

들어줄 수 없을 빈 하늘이 서글프다.

한동안을 더 볼 것 눌러 참고
내려오는 길 서둘다.

---

note; 다르마메(達磨山)-법, 진리, 본체, 궤법, 이법, 교법의 산, 해남에 있음.
투시타 빔터(兜率庵)-欲界六天의 네 번째, 미륵보살이 산다는 기도처
詩題는「달마산 도솔암에서」를 본딧소리로 나타낸 것임.
되도록 우리말, 한글만으로 짓고자 하였음.

한글 사랑

날[1]은
우리네 기둘우지 않아,

아끼는 만큼
가갸글 꿈[2]을 앓이
모도리[3]인 것을……

느지거니[4] 심은
마냥모[5]
거둠질[6] 함씬[7] 될까,

---

1) 때, 시기, 시절, day.
2) 특별히 귀여워하고 사랑함. love.
3) 조금도 빈틈없이 아주 야무지게 생긴 사람, Shrewd fellow.
4) 꽤 늦게, Very late.
5) 늦게 심은 모, 늦모내기. late sice transplantation.
6) 수확, 거두어들이는 일. final harvesting.
7) 정도가 차고 넘칠만큼, 넉넉히, thoroughly.

나, 너, 우리,
시거에[8]
한말글 사랑.

---

[8] 다음은 어쨌든지, 우선 급한대로 머뭇거리지 말고 곧, at once. first of all. 최우선으로.

한글 자랑

겨레에게
한맛비[1]로 내려주신 한글
자랑거리 한-둘이랴!

오로지 한 소릿값,
'가'는 '가', '하'는 '하'
다른 나라 말은 읽는 소리 여러 개다.[2]

처음, 가운뎃소리, 끝· 받침소리.[3]
짜임이 빈틈없어
소리 흉내, 짓시늉, 그림씨, 움직씨, 어떻씨……
못 꾸미는 말이 없다.

---

1) 모든 초목에 내려 기름지고 아름답게 하는 비 : 부처님의 설법 비유.
2) A ; 아, 어… C ; 크, 츠, 쓰… 白 ; 흰 백, 서방빛파, 말할지, 지. …
3) 빛 : ㅂ-처음소리, ㅣ-가운뎃소리, ㅊ-끝· 받침소리.

이제 우리!
온누리말 꼭대기에 극터듬어[4] 올라,
우리글 뽐내자.

한글 자랑이 '오직' 또는 '모지르 거듭'으로[5]
윗아랫물 지면 되겠는가……[6]

한글 맘껏[7] 자랑으로,
그 참맛
다 들 누리자.

---

4) 힘 들여 부여잡고 오르다. 지배하다. Climb Laboriously.
5) 한글전용(專用) 한글중용(重用). An exclusive use, promotion to a Responsible post.
6) 서로 어울리지(조화롭지) 못하다. Donot mix.
7) 마음껏. With one's whole heart.

한말글

아해야,
한말글 알아볼까…

온누리에서 가장 적은 스물넷 낱소리들
서로 손잡으면 못 만드는 말글 없네,
ㄴ과 ㅏ 는 나, ㄴ과 ㅓ 는 너,
어깨동무 ㅇ, ㅜ, ㄹ, ㅣ 는 우리,
나, 너, 우리.

발갛다, 벌겋다, 빨갛다, 뻘겋다 꾸미는 말,
강중강중, 경중경중, 깡충깡충, 껑충껑충 움직씨,
쏼쏼, 우르릉쾅, 찰싹찰싹, 쿵쿵, 꽥꽥 소리나타냄.

아해야,
우리 한말글
하늘아래 으뜸이라.
글없는 이웃나라 소리빌려[1] 글묶음[2] 꾸리고,
유엔(UN)의 공용어로 영어와 어깨 겯네.[3]

우리 모두 한말글,
서로 괴고[4] 즐겨 써서[5]
어둠하늘 온통 밝히는 큰별 만들자.

---

1) 한글의 소릿값만 빌려 자기나라 말을 기록: 티모르 등.
2) 서책, 문서
3) 서로 어긋매끼게 짜거나 걸치다. 겨루다. Alternate.
4) 특별히 귀여워하고 사랑하다.
5) 愛用 또는 重用.

동방문자=서글=한자(東方文字=書契=韓字)

골각, 갑골(骨刻, 甲骨)
용골, 약(龍骨, 藥)?
갑골문자,
동방문자, 서글.

동방문자는
동이족 창제.

올:곧은
진태하교수[1] 선언,
"동방문자는 漢字[2]가 아니다,
서글, 韓字다."

※ 뜻을 살리기 위해 의도적으로 漢字가 아닌, 書契(韓字)로 썼음.
1) 陳泰夏(1937~2018). 명지대 교수. 언어학자, 대만사범대 유학(국립) 山東省에서 骨刻·甲骨文字 出土, 사용 당시(BC 2000~BC 1200)에 主居住人들이 東夷族(漢族이 아닌, 韓族)이었고, 家, 然등 이들 생활을 象形한 文字가 많아 上記와 같은 宣言. ●漢族은 居住史 없음.
2) 泰代, 漢代를 거쳐 字形이 變化. 中華人이 漢字化 억지 주장, 오늘에 이르고 있음.

"韓字는 우리 글자,
서글, 韓契이다."

| 提言詩 |

스물여덟쭝

애초 · ㅿ ㆁ ㆆ
안 쓰니
나랏말쏘미
스믈 넉자.

ㄱㄴㄷㄹㅁㅂㅅㅇ
ㅈㅊㅋㅌㅍㅎ
닿소리 열넷.

ㅏㅑㅓㅕㅗㅛㅜㅠㅡㅣ
홀소리 열.
겹소리 살펴
ㅑ(ㅣ, ㅏ). ㅕ(ㅣ, ㅓ), ㅛ(ㅣ, ㅗ), ㅠ(ㅣ, ㅜ)
내 가면 스무자 되네

쉬운 짜임새 적은 개ㅅ수
온누리, 온갖 것
못 나타냄 없는 우리 글자,

하늘아래 땅위 물위
으뜸글자.
나랏말씀.

Ⅱ. 散文
산문

글월로 쓰고

- 매년 '한말글 사랑'에 게재 됐던 제언, 필요에 따라 중복되는 내용이라도 그대로 실었음 -

한글의 빼어남 찾기
-온누리글로 만들기

하양, 검정, 파랑, 빨강에 대한 한글과 영어의 '꾸밈말 견주기'만으로도 한글이 얼마나 빼어난지를 바로 알 수 있게 합니다.

```
하얗다        Pure white, Snow white
새하얗다      Dazzling white Snow white, Pure white
시허옇다      Pure white


가맣다, 까맣다      Black, Dark
거멓다, 꺼멓다      Deep Dlack
거무데데하다        Dark, Darkish
거무스름하다        Dark, Darkish
검다, 껌다           Black, Dark
거무죽죽하다        Dark
새카맣다             Ditch dark, Jet Dark
시꺼멓다             Deep Black
```

Ⅱ. 散文-글월로 쓰고

푸르께하다	Bluish, Greenish
푸르데데하다	Bluish
파르스름하다	Bluish, Greeny, Some what Blue
푸르다	Blue, Green
파랗다	Blue, Green
새파랗다	Deep Blue
시퍼렇다	Deep Blue
발그레하다	Betinged With Red
발그스레하다	Betinged With Red
발갛다	Bright Red
빨갛다	Deep Red
새빨갛다	Beavivid Red
시뻘겋다	Deep Red

   한글은 '느낌에 꼭 맞는' 꾸밈의 나타냄이 뛰어나지만 영어는 '서로 다른 느낌'일지라도 이를 '같거나 비슷하게' 꾸며 나타내는, 그럴 수밖에 없는 하나의 우리 모두는 우리 한글을 더욱 더 갈고 닦아서 우리 한글을 '온누리의 글'로 만드는데 앞장서야 할 것입니다.

'…싶다'와 '…같은데요'

 우리는 둘레에서 흔하게 -젊은이들, 매우 똑똑한 사람들까지도 버릇처럼 잘못된 말로, 말을 나누는 모습을 본다. 가장 흔한 것 두 개, -「…감사드리고 싶습니다.」 음식을 먹고 있으면서 「맛이 있는 것 같은데요.」- 전혀 맞지 않는 말 나타냄이다.
 「부모님께 감사드립니다.」 하면 된다. 「싶기만 하고 드리지는 않겠다」는 말인가-. 「싶다」는 마음의 뜻은 있으되 금방 뜻대로 안 될때 쓰는 말이다. 「유럽나들이를 하고 싶다. 그런데 돈 마련이 안됐다.」, 「부모님께 감사의 뜻으로 선물을 하고 싶다. 그런데 아직 못 샀다.」 따라서 말만으로 「감사합니다.」, 「감사드립니다.」 하면 되는 때에 굳이 「싶다」의 말은 '뱀그림에 발을 그려 넣은 꼴'인 것이다.

 「같은 데요」는 짐작이거나 간접경험, 내가 아닌 남의 경험에 대한 말하기에 맞는 말이다. 먹거리를 맛있게 먹고 있는 나에게 '맛의 물음'을 하면 「맛이 있다」, 「맛이 별로다.」, 「내입에 딱 맞다.」……면 된다. 맛있게 먹고 있는 손님을 보며 「저, 먹거리 맛 있는 것 같다.」 그래서 나도 '시켜 먹어보니' 「역시 맛이 있다.」로 말해야 옳다. 내가 먹고 있으면서도 마치 '혀는 남의 것 인 양' 「맛이 있는 것 같은데요.」의 '감각기능 이상'이면 먹는 것을 멈추고 곧바로 구강전문병원부터 들러야 한다.

 멀리로 보이는 노을이 「아름다운 것 같은데요」가 아닌 「참 아름답다.」로, 갓 결혼한 한 쌍이 「잘 어울리는 것 같다.」가 아닌 「참 잘 어울린다.」 등으로 나의 느낌을 자신있게 말하는, 내가 주인이 된 언어생활로 버릇돼야 한다.

 자신의 겪음-보고, 듣고, 맛보고, 느낀 것들을 마치 남이 겪은 것들을 말하듯 해야 되겠는가-.

| 西浦의 우리말 사랑 |

국문학의 개념을 정립시킨 김만중
- 西浦의 思想과 文學 그리고 大田 -

Ⅰ. 서론

　서포 김만중(西浦 金萬重)은 『구운몽』, 『사씨남정기』 등 작품을 한 글로 지어 국문학의 개념을 정립시킨 문인 겸 정치인이다. 본관은 광산(光山)이며 자는 중숙(重淑). 서포(西浦)는 호다. 시호는 문효(文孝)로서 사계 김장생의 증손이요, 충정공 김익겸1)의 유복자이며 광성부원군 문충공 김만기2)의 아우이다. 어머니는 해평윤씨로 영의정 문익공 윤방의 손녀이며 이조참판 윤지의 딸이다. 정경부인 해평윤씨는 홀로 두 아들을 양관대제학으로 길러낸 충렬가문의 훌륭한 며느리였다. 서포문학의 배경에는 강화절사의 부친과 모친에 대한 뜨거운 효도의 실천 즉 충효의 정신이 자리하고 있어 그 문학사상의 실체는 윤리, 충효이고 그것을 예술로 승화시킨 것이 곧 문학이라 할 수 있다. 본고에서는 이에 따른 충효별 문학사상 및 작품해설, 그리고 서포와 대전과의 관련성 등 참고사항으로 나누어 검토하려 한다.

註: 본인이 서포선생 기념사업회 회장(제5대)일 때, 대전문인협회 청탁을 받아 쓴 것으로 '문학으로 찾아가는 대전'에 게재된 글이다.
1) **병자호란(1637)**-청군이 강화도를 침범하자 우의정 김상용, 우승지 홍명형, 별좌 권순장과 약속하여 불에 타 순절하니 23세였다. 증 영의 정.
2) 김만기-숙종의 원비 인경왕후의 부친.

Ⅱ. 본론

1. 생애와 정치·시대적 배경

1) 서포선생연표(요약)3)

- 1637. 2. 10 : 강화 앞바다의 선실에서 김익겸의 유복자로 태어남(아명: 船生)
- 1665. 4 : 정시에 장원급제, 전적, 예조좌랑
- 1668. : 병조좌랑, 교리, 수찬, 헌납
- 1669. : 이조좌랑, 함경북도 병마평사, 부교리
- 1670. : 부수찬, 한학 및 동학교수
- 1671. : 사서, 9월에 경기도 암행어사
- 1673. : 부교리, 왕의 시독관
- 1674. 1 : 강원도 금성으로 유배. 4월 풀림. 11월 춘추관 편수관
- 1675. : 호조참의, 병조참지, 동부승지
- 1680. : 대사헌, 대사간
- 1681. : 예조판관, 병조판서, 동지의금부사, 예조참판, 공조참판, 부제학
- 1682. : 이조참판, 도승지, 호조참판
- 1683. : 공조참판, 홍문관 및 예문관대제학, 지성균관사
- 1684. : 우참찬
- 1685. : 지돈영부사, 예조판서

김만중 초상화

---

3) 서포의 생애, 사상재조명, 서포선생기념사업회, 2004, pp.67~68. 설성경: 서포 김만중, 2008, pp.20~21.

- 1686. : 좌참찬, 판의금부사
- 1687. : 예문제학, 장악원제조, 9월 평안북도 선천으로 유배
- 1688. : 11월 유배에서 잠시 풀림
- 1689. 윤3월 : 경상남도 남해로 유배
- 1690. 1 : 대부인 해평윤씨 부고
- 1692. 4 : 경상남도 남해노도에서 졸(卒)하다

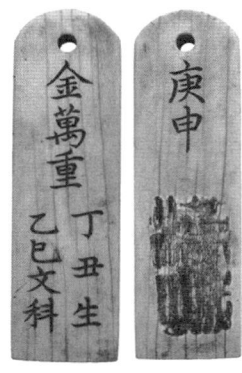
서포 김만중의 호패

서포의 아명(兒名)은 선생(船生)이다. 병자호란 때 윤씨 부인이 군선(軍船)으로 피난하다가 배 위에서 출생했기 때문이다. 호가 서포(西浦)인 것은 그가 숙종13년(1687년) 장숙의4) 일가를 둘러싼 언사사건에 연루되어 평안도 선천의 서포로 유배되었을 때 그 지명을 호로 쓴 것이다. 서포는 어릴 때부터 매우 총명하여 그의 형 만기가 글 읽는 것을 듣고도 뜻을 통했고 7~8세부터 글을 지

서포 김만중 유배지

어 주위의 칭송을 들었다. 현종 6년(1665년)에 정시문과에 장원급제, 대제학, 숭정대부에 이르기까지 136차례 61가지의 벼슬을 하였다. 서포가 선천유배에서 풀려난 지 3개월 후인 1689년 2월 집의 박진규,

---

4) 『사씨남정기』의 소재가 되어 간접상소문의 역할을 하게 되었다.

유배지노도의 유허비

장령 이윤수 등의 논핵으로 극변안치5)를 거치도록 경상도 남해 노도에 위리안치 되었고 어머니 해평윤씨6)는 아들의 안위를 걱정하면서 득병으로 타계하였다. 서포는 모친 부음을 듣고 읍혈로 윤씨행장을 지어바치고 3년 간 설위하여 호곡하다가 숙종 18년 남해적소에서 56세로 세상을 마쳤다. 숙종24년(1698년) 관직이 복고되고 숙종 32년(1706년) 효행에 대한 정려가 내려졌다.

2) 서포선생 연표(요약)

서포가 활동하던 시기는 왜란과 호란이 끝난 후 당쟁이 과열되던 시기로 서인이 북인을 몰아내고 인조를 추대(인조반정)한 공으로 정권을 잡은 때였다. 서인중 노론에 속한 서포는 정치주도세력의 벌열정치에 참여했음에도 유학중심보다는 17세기에 대두한 실학사상(중부(仲父) 김익희 영향)에 심취, 사회적 문제에 더 관심을 갖게 되었고 개혁사상을 받아들였다. 거듭된 파직과 유배는 서포의 비판정신을 북돋았고 특히 주자학(신유학)을 논리적으로 비판했는데 그 근거를 불교에서 찾았다. 유배지 남해의 관음도량과의 인연으로 추측된다. 중국과 불교문화의 비교, 진경문화7)에 따른 민족문화의 독창성, 독자성 중시에 강한 관심을 갖고 있었다.

---

5) 극변원찬(極邊遠竄): 중앙에서 먼 변방으로 귀양 보냄.
6) 증 정경부인이며 전민동에 충정공과 함께 안장됨.
7) 眞景文化: 조선중후기의 자주적, 자긍적 문화양상. 숙종 때부터 정조대의 125년 간 이율곡의 조선성리학 영향.

2. 서포의 문학사상

서포문학사상은 그 이전의 문인과는 완전히 다른 측면이 있다. 당시 사대부로써 삼갔던 주자학에 대한 논리적 비판, 불교용어의 과감한 사용, 진보성향의 문학이론—국문(한글)가사예찬론에서와 같이 '우리말을 버리고 타국 중국의 말로 시문(詩文)을 짓는다면 이는 앵무새가 사람흉내 내는 것과 무엇이 다른가?' 하고 주장하여 한문(漢文)을 타국지언(他國之言)으로 지칭, 정철이 지은 사미인곡 등의 한글 가사를 굴원의 이소8)(屈原의 離騷)에 견주었다. 이는 완전한 개명의식이다. 사상(思想)을 약술하면 다음과 같다.

1) 효도와 충심 : 국민계도를 통한 중생의 구제

신라 때 김대성이 사모와 중생구원을 위해 불국사를 지었듯 서포는 모친에 대한 효심과 나라를 위한 융화—원융사상을 통한 중생구제불사로 『九雲夢』을 저술하였다. 작품의 내용은 유가적 이상세계—처첩간의 융화: 평등사상 – 불교를 통한 구원을 다루고 있다. 혹자는 이 소설이 사모효심(思母孝心)에 의한 하룻밤 사이의 창작운운하지만 내용의 핵심소재는 금강경이며 어머니에게 현실의 고통스러운 삶이 아닌, 더 이상적인 미래세계가 있음을 알려주려한, 치밀하고 폭넓은 구상에 의한 작품이라 할 수 있다. 이는 대상이 모친만이 아닌 당시의 궁중생활, 사대부 양반들의 가정생활 등의 타락상을 비판하며 더 큰 미래세계를 바라보는 새로운 종교적 깨우침을 독자(백성들)에게 보시하려는 궁극적 의도로 쓴 것이다. 숙종과 인현왕후, 장희빈을 빙자한 『사씨남정기』는 궁궐문화뿐만 아니라 일반사대부들의 현실세계도 냉철한 비유법으로 계도계몽 및 간접상소의 목적이

---

8) 중국 초나라의 굴원(屈原)이 지은 賦. 문학성, 낭만주의, 373구 2490자로 중국고대시가 중 최장편의 시, 충정과 이상의 추구 인격·진리의 추구에 대한 불굴의 정신 표현.

있었음을 부인할 수 없다.

2) 보편성 중시 : 충(忠)이 곧 백성사랑.

서포는 중국우선주의, 즉 화이론(華夷論)9)을 철저히 배격, 극복하려 하였다. 17C 당시는 주자학(朱子學)을 강조하면서 아울러 이에 대한 사상체계(思想体系)의 모순에 따른 반론(反論)이 제기되던 때였다. 이에 편승한 서포 또한 중국(中國)=세계중심의 편견에서 벗어나고자 하였다. 따라서 서포는 문학을 한문학(漢文學)으로 한정하려는 것을 배격하고 '문학(文學)의 보편성(普遍性)'을 문자(文字)가 아닌 '말'에서 찾았다. 말이 가락만 가지면 문학이라 하여 그 범위를 구비문학(口碑文學)10)에로 까지 확대하였다. 문자가 없는 민족도 문학을 할 수 있다는 논리를 정립한 것이다.

3) 자주적 민족문학 중시(自主的 民族文學 重視) : 문학의 혁명선언

위에서 언급한 바 앵무새 이야기처럼 우리문학 표현에는 우리말 사용의 원칙천명은 우리가 중국에서 벗어나 오히려 중국과 대등한 문학이라는 자주성(自主性)과 독자성(獨自性)을 강조한 혁명적 선언인 것이다. 이때 지은『구운몽』은 한문으로 써야 제대로의 글로 평가받던 시대에 한글로 썼으며 이는 양반문학에서 평민(백성)문학으로 넘어가는 다리역할을 한 것이다. 서포는『송강가사』를 참된 우리문학이라고 찬(讚)하였으며 그중 한문을 쓰지 않은『후미인곡』을 최상의 작품으로 꼽았다.『구운몽』처럼 제나라 말과 글로 된 작품이 온전하고 진정한 가치가 있다고 주장하였다.『구운몽』은 조선후기의

---

9) 華夷論 : 중국이 자기나라인 중화를 중시하고 다른 민족을 夷狄이라 하여 천대한 사상.
10) 구비문학 : 입에서 입으로 전해 내려오는 문학.

한글소설을 꽃 피우는데 큰 영향을 끼쳤다.

4) 문학에서의 감동효용 중시(感動效用 重視)

서포는 문학의 존재이유를 '도(道)를 전함'이 아닌, 감동을 주기 위함으로 보았다. 그 사례로 광해군이 이항복을 귀양 보내고 나서 그가 지은 『철령작운사』를 읽고 눈물 흘렸음을 들었다. 도(道)를 역설한 항복을 귀양 보냈으나 그의 노래를 읽고 감동한 것이다. 또 소식의 동파지림(東坡志林)을 인용, 『삼국지연의』를 예로 들어 도와는 거리가 있지만 읽는 사람들을 울게도, 웃게도 할 수 있다고 하였다. 서포는 부녀자층 상대로 감동을 중시한 『사씨남정기』를 언문(한글)으로 지었고 서포의 후손 김춘택의 주장대로 이 감동은 백성들을 교화(敎化)하고 사회적으로 세교(世敎)에 이바지 하였다고 볼 수 있다.

5) 유·불·선의 통합사상(융합사상) 중시

西浦의 작품, 특히 『구운몽』에서는 그의 삼강행실에 기반했으되 '노장신선사상'11)을 바탕으로 한 도교, 남해의 관음도량생활에서 얻은 불교사상을 작품에 반영하였다. 이는 서포가 시대흐름을 직시하고 선각자적혜안으로 大悟의 깨달음을 얻었기 때문으로 볼 수 있다.

3. 작품해설 : 『구운몽』, 『사씨남정기』 그리고 시

1) 『구운몽』

표제부터 철학적 의미를 갖고 있다. 구(九)는 유가(儒家)의 역(易)

---

11) 老莊神仙思想 : 道敎황제, 노자를 교조로. 다신적 종교, 무위자연의 노자·장자철학수용. 음양오행, 신선사상에 따른 불로장생, 자손번영, 영달을 꾀함. 도덕교, 도학, 황노학이라고도 함.

철학, 운(雲)은 선가(仙家)의 분위기, 몽(夢)은 불가(佛家)의 선사상(禪思想)을 뜻하며, 구운(九雲)과 운몽(雲夢)으로 이분화개념(二分化槪念)일 수도 있다. 내용도 복수주인공들의 활동이 우열없이, 전체 또는 개체로서 주종의 관계없이 수평·평등의 위치에서 공존의식으로 활약하고 있다. 얼핏 표면적으로는 일부다처, 남성중심의 축첩생활상인 듯 하나 내면적으로는 양(陽)속성의 한 남성과 음(陰)속성의 여덟 여성간 대화합의 미(美)를 형상화하고 있어 전혀 갈등이 없는 조화의 대동세계형성(大同古界形成)이다. 즉 태극도설의 이치에 따라 양(陽)·건(乾)의 길과 음(陰)·곤(昆)의 길이 각자 직분에 맞는 길을 걷는 총체적 조화를 제시, 당시 양반사대부 및 사회적 병폐에 대한 역설적 지적이다. 이를 도표화12)하면 아래와 같다.

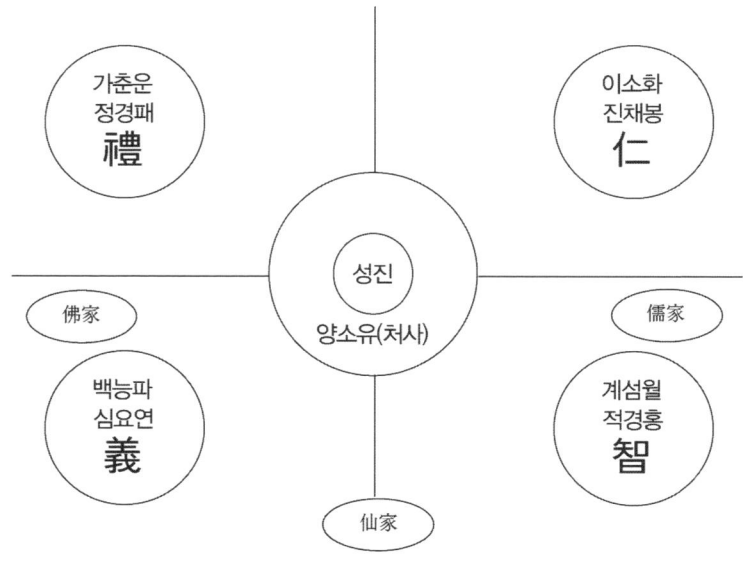

---

12) 설성경, 세계의 문학 영웅 서포 김만중 테마파크용역보고서, 2008.10. p.37.

성진의 꿈속 인물 양소유는 인의예지(仁義禮智)를 보여주는 여성들과 각양의 인연을 맺어간다.

또 다음과 같이 해석할 수도 있다.

九: 성진(양소유)와 팔선녀(낭자)등 소설의 주인공수
    팔선녀-제 1·2부인과 여섯 명의 첩.
    雲: 소설의 주제로서 인생의 부귀영화가 구름과 같이 덧없음을 의미.
    夢: 소설의 구조(환몽구조)로서 인생사 한바탕 꿈임을 표현한 것. (현실→꿈→현실→깨우침)

수도자 성진이 불도(佛道)수련에 회의(불교적)→파계→인간계로의 환몽(환생): 양소유와 팔선녀(부인)→미혹과 환몽을 거쳐 대오각성: 仙界가 현실이며 인간계를 비현실로 표현하였으며 구운몽의 영향으로 많은 아류소설(옥루몽, 홍루몽 등)이 나왔다.

또 당시의 시대상을 참조, 다음과 같이 비유할 수도 있다. 8처첩-신하들, 소상강,구의산 주변은 아황여영의 二妃와 굴원의 성지이므로 논산 및 대전의 노론세거지 비유, 백능파→유배지의 노론계 신하. 양소유와 백능파의 만남→유배신하의 복귀와 노론의 환영상 비유: 양소유는 군주, 용왕은 노론의 총수 비유13)

2) 『사씨남정기(謝氏南征記)』

사씨와 유한림의 남행목적지는 동정호안의 군산 수월암이다. 사씨는 성선(性善)의 상징인물, 선행(善行)의 공덕으로 자비로운 관음보살의 구제를 받고 행복을 누리는 유불원융관(儒佛圓融觀)에 의한 작품구현의 중심인물(善行의 극단적 인물)로써, 극단적 악행인물(惡

---

13) 설성경, p.65.

行人物)인 유한림의 첩 교씨와는 극단적으로 대조되는 인물이다.
　유가적 철학, 윤리도덕을 내세운 『사씨남정기』는 사씨를 통한 이기합일(理氣合一)의 남행길과 교씨의 욕망의 길을 대비시켜 본래지성(本未之性)의 길을 지향하는 현실적 이야기로 엮었다. 『구운몽』이 금강경이라는 대승불교를 깨달음 이야기로 지성적으로 써진 것이라면 『사씨남정기』는 구운몽의 대중적 보급판으로 변형시켜 지은 것으로 생각된다. 또 숙종이 인현왕후를 폐출, 장희빈을 중전으로 책봉한 사건에 대하여 숙종의 혼심을 회오하게 한 후 모든 것을 원상으로 회복시키기 위한 고도의 권선징악수법을 원용한 간접상소 형식의 소설작품으로 볼 수 있다.

　3) 그리고 시(詩)

　서포(西浦)는 충(忠)과 효중심(孝中心)의 시(詩)를 많이 남겼다. 이를 구분하여 해설하고자 한다. 모두 한시(漢詩)이나 번역시로 소개한다.
　■**충**(忠)**의 시**(詩) : 직접표출의 시도 있고 은유로 묘사한 시도 있다. 몇몇 시를 소개한다.
　대전춘첩자(大殿春帖子) : 입춘절을 맞아 첩자를 올리며 서기만당과 옥체강령을 앙축하다.14)

　　태양은 훈훈하고 맑게 빛나니 / 봄은 섣달의 추위를 물리치네 /
　　새봄이 첩자를 따라오니 / 하루해가 장안에 가득 차네 / 상서로운
　　구름이 삼전을 옹위하니 / 백성이 만세 부르는데 백관을 거느리네
　　/ 하늘같은 용안이 기쁨으로 넘치니 / 감히 머리들어 우러르지 못하네

　정유구월락제후작(丁酉九月落第後作)15) : 21세 때 과거에 낙방하

---
14) 서포집권3. p.94.

고서도 임금의 은혜에 애정을 표했으며 본인을 여성화자로 표현하였다. 옥중작 절구(獄中作絶句) 또한 이와 같다.16)

> 임의 은혜 편벽되어 첩을 미워함 아니니 / 얼굴빛 남만 못함 스스로 탄식하네 / 돌아와 거울에 내 모습 비춰주고 / 부질없이 봄바람 보고 수건 적시지 않으리 // 조나라 재인(才人) 조정에서 이별 당하여 / 눈썹 그리지 않고 볼엔 눈물방울 얼룩졌네 / 그래도 이웃 여인에겐 임의 은총으로 자랑하지 / 지난밤 총대에서 임을 모시고 돌아온다고

위 시는 서포가 옥중에서 정배를 기다리다가 어명이 떨어져 멀리 유배되는 서포의 충성심을 승화한 작품이다. 서포의 충성을 은유·상징하고 있다.

다음 시는 한 여인(西浦)이 님(임금)을 멀리 이별하고(유배중) 그 거리만큼 더욱 간절한 연모와 갈망(충성심)한 내용이다. 두미(頭尾)만 서술해 본다.

> 내 생각하니 해동(海東)에 있는데 / 푸른 물결 넓고 넓어 풍랑이 거세구나 / … / 내 임을 생각하기 감히 말하진 못하겠네 // 강남 저 먼 곳 가을 빛 완연하니 / 임은 소요(거닐며)하며 밝은 달을 보시겠지 / … / 그대 생각에 근심가득하여 / 늙지도 않았는데 얼굴은 시들어 가네17)

서포는 임종 직전까지도 자신이 고신(抓臣)임을 자처하고 일편단심 충성을 원하며 임금 뵙기전에 죽을까 두려워하는 붉은 정성을 표출하였다.

> 서세에서 오랜 세월 귀양살이 하고서 / 남황18)에서 머리 허연 죄수되

---

15) 서포집권6. p.158.
16) 서포집권6. p.162.
17) 서포집권2. p.76~77.
18) 남황: 남해의 거친 땅.

었네 / 의기소침으로 거울 보기 싫어지고 / 피눈물로 울면서도 배탈 생각 절실하네 / 해가 저도 고향소식 없으니 / 맑은 가을 기러기 시름짓네 / 지금까지 忠孝하기 원하였는데 / 기력이 쇠하니 오래 쉴까 두렵네19)

■ 효(孝)의 시(詩) : 서포는 효의 상징적 인물이다. 효자정려도 내려졌고 시호(諡号)호도 문효공(文孝公)이다. 서포는 어느 곳에 있던지 어머니 해평윤씨의 생신인 9월 25일에는 그의 극진한 효심(孝心)을 사모곡(思母曲), 사친시(思親詩)로 표현하였다. 몇 작품 소개한다.

해마다 어머님 생신일이면 / 형제 마주하여 춤추며 즐겨했지 / 지금 내가 사명 받고 슬하를 떠나니 / 생신날 어머님 마음 즐겁지 못하실까 두렵네

다음은 서포가 어머님 꿈을 꾸고 지은 시이다.

간밤 어머님 꿈에 뵙고 옷을 적셨네 / 뜰가의 어린 풀 봄빛을 맞이하고 / 울밖 찬물은 저녁빛에 출렁이네 / 한 없는 뭇 봉우리들 하늘 끝에 합하니 / 어디서 구름 날아오르는지 알길이 없네

서포는 꿈속에서 마음껏 울었고 꿈을 깨고서도 더욱 크게 울었다. 그래서 옷이 흠뻑 젖었던 것이다. 해평윤씨는 서포의 모든 것이었다.

어머님 생신을 맞아 또 시를 짓는다.// 지난해 오늘은 어머님 모시고 / 형제가 잇달아 장수를 비는 술잔 올렸네 / 한번 적소(유배지)에 떨어지니 소식조차 끊어지고 / 노산의 새무덤 이미 가을에 서리내리네.

---

19) 서포집권3. p.114. 南荒.

/ … / 멀리 아들 생각에 눈물 흘리실 어머님 생각 / 반은 죽어 이별하고 반은 살아 이별일세

서포는 남해 유배시에 맞이하는 어머님 생신날에 그 효심(孝心)을 '己巳九月二十五' 시를 짓는다.

오늘 아침 어머니 그리는 글 쓰려하니 / 글자 쓰기 전에 눈물 이미 넘쳐나네 / 몇 번이고 붓을 적셨다가 다시 던져 버렸으니 / 문집 가운데 해남시는 응당 빠지게 되리

서포의 효성을 함축하여 표현한 시이다. 걱정과는 달리 이 시는 오늘날까지 가장 애송되는 시로 남아있다.

서포는 효심을 표현한 마지막 작품으로 상징적 형제의 운명, 자신의 원통함, 과거 어머니 모시던 일 회상, 유배 왔기에 老母를 모시지 못하는 불효, 그리고 그 원한을 '남해적소에서의 고화죽력유감(古禾竹瀝有感)'으로 작시(作詩)한다.

용문산위에 뿌리같은 나무 있는데 / 나뭇가지 꺾이어 반생반사(半生半死)네 / 살아있는 가지도 풍상에 시달리고 / 죽은 가지도 날마다 도끼에 찍히네 / 우리 형제 무고하던 날 생각하니 / 색동옷 입고 노래하면 어머님 얼굴 기쁨 가득 / 어머님 여든 살에 돌봐드릴 사람 없으니 / 이승과 저승에서 맺힌 한 언제나 풀릴까

서포는 이 시를 남기고 어머님의 부음을 들었으며 삼년에 조석상식에 읍혈로 통곡하다가 득병하여 세상을 떠났다.

4. 서포와 대전

1) 서포의 정신적, 문학적 고향은 전민동이다.

서포는 강화도 인근 바다의 조선(漕船)에서 태어났으며 벼슬은 주로 한양에서 하였으나 그의 증조 사계 김장생 선생과 조부 허주공 김반의 고향이 논산시 연산이었고 또 조부 및 부모의 묘역조성만 보더라도 서포의 고향은 대전으로 볼 수 있다. 요약하면, 회덕현 정민역에 1640년부터 광산김씨 묘역이 조성됐으며 이후 370여 년 간 역사가 이어지고 있다. 서포의 조부(祖文) 허주공 반이 최상위 조상이 되는데 사계와 신독재는 반(槃)의 부형(父兄)이 된다. 종산은 총 20여만 평. 묘역은 약사만평인데 중앙묘역 상단에 서포의 부모, 가운데에 조부모, 왼쪽에 서포 백부모 및 그 자손이 자리하고 있다. 묘소배열이 일반관행이 아닌 부하자상(父下子上)의 배치인 바 아마도 충정공 익겸의 병자호란시 장렬한 절사와 관련된 것으로 추측된다. 이 묘역이 정신사적으로 주목됨은 묘역 앞에 충효열삼강의 정려가 자리한 점이다. 대전지역 선비문화유산으로 대단히 중요한 자료이다. 묘역의 조성경위는 다음과 같다. 1637년(서포출생년) 호란이 그치매 허주 김반과 아들 창주 익희는 남한산성에서 강화도로 와서 허주부인 연산서씨와 충정공 익겸의 주검을 거두어 곡한 후 임시로 교하 청라촌에 매장하였다. 1640년 허주공 반이 죽자 9월에 회덕현 정민리에 장사지내고 서부인과 충정공을 이장하였다. 후에 해평윤씨도 충정공과 합장하였다. 기록으로 보면 서포는 수찬벼슬 이후 1667년, 1683년 왕의 배려, 또는 스스로 수시 정민묘역을 성묘하였다.

※ 참고사항 : 대전광역시 시행 대전발전연구원 추진과제『소설 구운몽의 문학적 가치와 대전권 관련성 연구』. (1) 비전: 소설 구운몽 문학평화관광벨트 조성. (2) 목표: 구운몽 작품과 저자활동한 문화상품화-정책연구보고서: 한상헌, 김용동, 문희순, 2015.12.

서포기념각 / 충효소설비 / 문학비

※ 삼강정려각

    서포 조모 연산서씨 : 인조17(1639) 열정려
    서포 부친 충정공익겸: 순조16(1816) 충정려
    서포 본인 문효공만중: 숙종32(1706) 효정려
    서포 조카며느리 연일정씨: 영조28(1752) 열정려
    서포의 정려각 안에는 경남 남해에서 제작하여 기증한 서포의 석조좌상이 안치되어 있다.

2) 대전·서포 연고지 약도(서포 부모 묘소 중심으로)

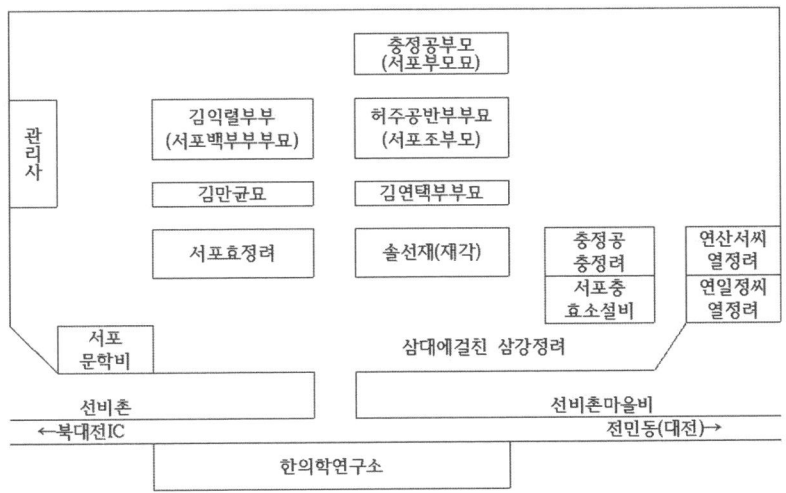

3) 서포·대전의 또 다른 보탬

- 송시열 찬여남(충정공익겸의 호) 묘표 : 여남의 묘소가 정민(현 대전 전민동)임은 순국절사의 예견이며 그의 절행을 회덕의 정신문화로 정립하고자 한다.
- 순조실록19권 : 여남은 순조16년(1816) 불천지위, 충신정려가 내려졌고 묘는 회덕현 정민역, 광산김씨 묘역 중앙에 위치, 정려는 묘역 남쪽에 있다.
- 숙종실록, p.630 : 서포는 모친 해평윤씨와 형, 자손과 더불어, 또는 혼자서 부친 묘역을 성묘하였고 이 사실이 숙종에까지 이르니 가상히 여겨 특명으로 말과 제물을 내 주었다.
- 회덕향록신해개수본, p.46 : 회덕향교 및 서원에서는 서포의 효행을 추앙, 그의 본거지를 회덕현으로 공인하고 향안에 올렸다.
- 기타 : 김진규의 문효공행장, 정경부인 윤씨행장, 김상현 찬 김반 신도비(송준길서, 김만기전, 1661)

5. 서포와 남해(南海)

서포문학(西浦文學)의 상징적인 지역은 경상남도 남해의 노도이다. 당시 숙종과 희빈장씨 사이에서 태어난 아들의 원자책봉문제로 당쟁이 벌어졌고 서포소속의 서인들이 실각하자 서포는 관직을 박탈당하고 남해 노도로 위리안치 되었으며 이곳에서 3년간 적소생활하며 ≪구운몽≫과 ≪사씨남정기≫를 저술한 것으로 되어있다. 유배지 노도에는 유허비, 초옥, 허묘 등이 있으며 경남 남해군에서는 이를 관광상품화하여 국내 최초최대의 유배문학관(남해군 남해읍)을 건립, 운영하고 있다. 건물 앞 중앙에는 서포의 동상이 있으며 내부에는 서포를 비롯 많은 유배문학인들의 전시실이 마련되어 있다. 유배문학에 대한 종합적 정보습득을 위한 주제별 전시관, 체험학습 프로그램

운영 등 관람객이 흥미를 느끼게 구성되어있으며 또한 노도문학의 섬(상주면 양아리두모드므개마을 앞바다)조성으로 서포문학관, 작가창작실, 야외전시장을 운영하고 있다. 벽련마을에서 노도항으로 도선을 이용하여 갈 수 있다.

Ⅲ. 결론

본고에서는 대전문인들의 서포(西浦)접근을 돕기 위해 서포만필을 참조, 문학에서의 민족고유 언어 표현 중, 시, 국문문학 및 한글문학의 주체성과 독창성 부각 등 서포문학사상—국문학혁명선언 및 특징, 시대적 배경 그리고 서포와 대전과의 연고성과 관련성, 서포의 문화관광 특화 가능성의 탐색—대전발전연구원의 발표내용을 소개하였고 서포문학의 자취로 대전 유성구 '전민동', 경남 남해 '유배문학관'과 '노도문학의 섬' 등을 살펴보았다.

서포는 유교를 가학(家學)으로 이미 생활화된 선비였다. 그는 그러나 불교, 도교에도 능통하였고 제자백가를 탐색하였으며 특히 불교와 유교의 동질성 추구에 힘썼으며 상호 가치의 융합으로써

서포 김만중의 친필

인간성의 순수성, 일관성 존중이 가능하다고 보았다. 인간의 가치는 초월적 가치와도 대립과 이질적이 아닌 서로 통합될 수 있고 동질화될

수 있는 것으로 보았다.(유불선 융합가치의 인간화)

　서포의 가학(文學)은 학문적 문용력, 높은 기개, 고금을 망라한 뛰어난 문장력으로 학문적 체계화 및 문학의 윤리적 실천에 참뜻이 있음을 강조함에 특징이 있다. 대표적 덕목이 충(忠)과 효(孝)이다. 소설『구운몽』과『사씨남정기』는 당시 궁궐, 사대부의 윤리실천과 효를 융합적으로 엮은 것이며 간접상소의 성격도 띠고 있다. 상술한 예시와 같이 그의 충효한시(忠孝漢詩)는 자신을 여성화하여 임(왕)이나 美人(왕 또는 부모)을 그리는 은유, 상징수법을 사용하였으며 효는 사모곡(思母曲) 또는 사친시(思親詩)의 형태를 취하였다.

　서포의 학문은 윤리적 실천중심이었고, 문학은 충효의 예술화였다. 특히 애민(愛民)에 기초한 자주적이고 독창성을 중시한, 제나라 말과 글을 사용한 문학만이 참 문학이라고 국문가사를 예찬한 국문학의 개념정립은 서포를 한글문학의 태두로 자리하게 하였다. 설성경[20] 교수는 서포를 '세계적 문학영웅'이라고 추앙하고 있다.

| 참고문헌 |

- 전민동 삼강유적의 인물과 정신, 서포선생기념사업회, 2008.
- 예우 6호 통권 51호, 예술사랑 모임, 2014.
- 구운몽문화관광벨트(가칭), 거점도시선점방안 정책토론회집, 2015, 대전시의회.
- 세계의 문학영웅 서포 김만중, 대전 유성구 서포기념사업회 설성경 주관, 2008.
- 정금복, 서포 한시 연구.
- 사재동, 서포문학의 연구.

---

20) 연세대학교 명예교수. 장성 홍길동 테마파크, 남해 서포문학관 등 다수 문학사업에 참여하였음

- 최완수 외, 진경시대 풀베개, 1998.
- 서포문집 및 서포만필
- 서포 김만중의 지역문화사적 함의에 관한 탐색적 연구, 대전발전연구원, 2015.
- 광산김씨 허주공과 세점록, 송백헌편, 2011.
- 김진규, 정경부인 해평윤씨행장.
- 광산김씨 유향(光山金氏遺香), 2018, 종려나무.

| 송강의 우리말 사랑 |

송강 정철(松江 鄭澈)의 속미인곡(續美人曲)

　서포 김만중(西浦 金萬重, 1637.3.6.~1692.6.14.)은 '조선의 참문장은 정철(1537.1.27.~1594.2.7., 시호는 文淸, 호는 송강, 또는 칩암거사)의 관동별곡, 사미인곡, 속미인곡이며 이는 그 문장에 천기(天機)가 발하여 있고, 천박함이 없으며 조화의 신비가 있다. 이 셋 중 한자(漢字)쓰임이 가장 적은 '속미인곡'이 으뜸이다. 어느 문학이든 그 나라 말과 글에 따라 독특한 아름다움—감동을 지니게 되는바 우리 이야기를 남의 나라 말과 글로 번역하게 되면 뜻은 알 수 있으나 표현—정서(情緖)는 느낄 수 없다'라고 주장하였다. 한글중심의 문학이 진정한 국문학이며 상대자를 가설하고 대화형식으로 쓴, 서포가 그토록 높이 평가한 속미인곡이 오늘날의 정서와 어떻게 일치하는지—우리말의 멋과 맛이 얼마나 느껴지는지 감상해 보기로 한다.

- 원문(原文)
  1. 데가는 뎌각시 본듯도 흔뎌이고
     天텬上샹 白복玉옥京경[1])을 엇디 ᄒ야 니離별別ᄒ고
     ᄒ다며 져믄날의 눌을 보라 가시ᄂ고

---

[1]) 道家의 옥황상제가 있다는 곳. 王都.

(저기 가는 저각시 본듯도 하오구려
백옥경 좋은 곳 어찌하여 이별하고
날도 다 저무는데 누굴 보려 가시는고)

2. 어와 네여이고 내 스셜 드러보오
   내 얼골 이거동이 님괴얌즉 ᄒ냐마ᄂ
   엇딘디 날보시고 네로다 녀기실ᄉ
   나도 님을 미더 군ᄠᅳ디 전혀업서
   이릭야 교틱야 어즈러이 ᄒ듯썬디
   반기시ᄂ 늣비치 녜와 엇디 다ᄅ신고
   누어성각ᄒ고 니러안자 혜여ᄒ니
   내몸의 지은죄 뫼ᄀ티 빠혀시니
   하늘히라 원망ᄒ며 사ᄅᆷ이라 허믈ᄒ랴
   설워 플텨혜니 造조物믈²⁾의 타시로다

   (아! 너로구나 나의 말을 들어보오
   내 얼굴 이거동이 사랑받게 될까마는
   임은 어찌 날 보시고 특별히 여기실제
   나도 임을 믿어 딴뜻이 전혀 없어
   응석이야 아양이야 어지럽게 굴었든지
   반기시는 낯빛이 옛과 어찌 다르신고
   누워 생각하고 일어 앉아 헤아리니
   내 몸의 지은죄가 산같이 쌓였으니
   하늘을 원망하며 사람을 허물하랴
   서러워 다시 생각하니 조물의 탓이로다)

3. 글란 싱각마오 미친일이 이셔이다
   님을 뫼셔이셔 님의 일을 내 알거니

---

2) 造化翁. 하느님.

믈ᄀᆞ툰 얼굴이 편ᄒᆞ실적 몃날일고
春츈寒한苦고熱열은 엇디ᄒᆞ야 디내시며
秋츄日일冬동天텬은 뉘라서 뫼셧ᄂᆞ고
粥쥭무조飯반朝죠夕석뫼 녜와 ᄀᆞ티 셰시ᄂᆞ가3)
기나긴 밤의 좀은 엇디 자시ᄂᆞ고

(그것을랑 생각마오 맺힐일이 있나이다
임을 뫼셔있어 임의 일을 내 아노라
물같이 묽은 몸이 편하실적 몇 날인고
봄 취위 여름 더위 어찌하여 지내시며
가을날 겨울날은 누가 또 뫼셔는고
자릿조반 조석식사 전과 같이 올리는가
기나긴 밤에 잠은 어찌 자시는고)

4. 님다히 消쇼息식을 아므려나 아자하니
  오ᄂᆞᆯ도 거의로다 ᄂᆡ일이나 사ᄅᆞᆷ 올가
  내 ᄆᆞ음 둘듸업다 어드러로 가잣말고

  (임 땅의 소식을 어떻게나 알자하니
  오늘도 저물도다 내일이나 사람올까
  내 마음 둘데없다 어디로 가잔 말고)

5. 잡거니 밀거니 놉픈 뫼히 올라가니
  구름은 ᄏᆞ니와4) 안개는 므스일고
  山산川천이 어둡거니 日일月월을 엇디보며
  咫지尺척을 모ᄅᆞ거든 千쳔里리를 ᄇᆞ라보랴

  (잡거니 밀거니 하여 높은 산에 올라가니

---

3) 內訓의 上進.
4) 커녕. 송강의 특수표현.

   구름은 고사하고 안개는 무슨일고
   산천이 어두우니 해와 달을 어찌보며
   지척도 모르거든 천리 먼길 바라보랴)

6. 츨하리 물ᄀ의가 빅길하나 보쟈(랴)ᄒ니
   ᄇ람이야 물결이야 어둥졍 된뎌이고
   샤공은 어듸가고 븬빅만 걸렷ᄂ니(눈고)
   江강天텬의 혼자셔셔 디ᄂ희를 구버보니
   님다히 消쇼息식이 더옥 아득 ᄒ뎌이고

   (차라리 물가에가 뱃길이나 보자하니
   바람이야 물결이야 어리둥절 하구나
   사공은 어디가고 빈배만 매였는고
   강가에 혼자서서 지는 해를 바라보니
   임땅의 소식이 더욱 아득 하구나)

7. 茅모簷쳠5) 춘자리의 밤듕만 도라오니
   半반壁벽靑쳥燈등6)은 눌위 ᄒ야 불갓ᄂ고
   오ᄅ며 나리며 헤쓰며 바니니(바자니니)
   져근덧 力녁盡진ᄒ야 풋ᄌᆷ을 잠간드니
   情졍誠셩이 지극ᄒ야 꿈의 님을 보니
   玉옥ᄀ튼 얼구리 半반이나마 늘거셰라
   ᄆᆞ음의 머근말ᄉᆞᆷ 슬ᄏ장 솗쟈ᄒ니
   눈물이 바라나니 말(말ᄉᆞᆷ)인들 어이ᄒ며
   情졍을 못다ᄒ여(야) 목이조차 메여ᄒ니
   오뎐된7)鷄계聲셩의 ᄌᆞᆷ은 엇디 ᄭ돗던고

---

5) 띳집처마.
6) 벽 중간에 걸려 있는 등.
7) 방정맞은, 지금도 「오전되다」로 사용.

(초가집 추운 방에 밤중되어 돌아오니
바람벽 등잔불은 누굴 위해 밝았는고
올라갔다 내려왔다 쏘대며 헤맸더니
어느덧 피곤하여 풋잠을 잠간 들어
정성이 지긋한듯 꿈에 임을 보니
옥같은 얼굴이 반이 넘어 늙었도다
마음에 먹은 말씀 실컷 삷자 하였더니
눈물이 쏟아지니 말인들 어이하며
정회도 못다 풀어 목조차 메었도다
경망한 닭소리에 잠은 어찌 깨었던고)

8. 어와 虛허事ᄉ로다 이님이 어듸간고
   결의 니러안자 窓창을 열고 브라보니
   어엿븐 그림재 날조출 ᄯᅟᅵᆫ이로다
   ᄎᆞ하리 싀여지(디)여 落낙月월이나 되여(야)이셔
   님겨진 窓창밧긔(안히)번드시 비최리라

   (아! 허사로다. 이 임이 어디간고
   잠결에 일어앉아 창을 열고 바라보니
   가엾은 그림자만 나를 따를 뿐이로다
   차라리 죽어져서 낙월이니 되어서
   님 계신 창밖에 번하게 비치리라)

9. 각시님 돌이야 코니와 구준비나 되쇼셔

   (각시님 달은 그만두고 궂은비나 되소서)

위 장면을 요약하면 다음과 같다.
1. 해질무렵 지나가는 女人을 상대로 문답식 대화, 女人이 여인일수

도 있고 송강 자신일 수도 있는, 이야기의 전개가 특이하다.
2. 떠난 사랑(임)에 대한 스스로의 운명, 원망 아닌 天命.
3. 각시의 말을 빌어 원망보다 임에 대한 걱정.
4. 임의 소식이 절실하게 궁금함.
5. 임의 소식이 궁금하여 산에 올라 걱정하는 모습.
6. 더 간절하여 물가, 뱃길에 나서보는 광경.
7. 기다리다 지쳐 집에 돌아와 찬방에 누워… 꿈에 보는 광경.
8. 꿈을 깨고 나니 모든 게 허사라. 차라리 죽어 달이 되어 님의 창을 비칠까-.
9. 잠깐 비치는 것보다 궂은 비 되어 오래도록 임을 품을까-.

어떤가-. 조선시대나 현재 우리민족의 정서나 차이를 느낄 수 있는가-. 西浦의 '조선문학은 조선말과 글로 써야 함'의 개념화(概念化)에 동의해야 하지 않을까-.

참고로 제1단의 첫 구절을 한자(漢字)로 번역해본다.
-金相肅의 松江別集追錄-

彼行邁兮妹子者 若會見兮依俙 天上兮白玉京
胡爲乎兮別離 日黃昏兮莫途 將見誰兮何之

왜 문장마다 兮(어조사 혜-말을 멈추었다가 다시 어세를 높이는, 음조를 고르는데 쓰는 말)를, 꼭 넣어야 하는가? 문장에서 대화자들의 은근한 수작이 느껴지는가?

정철(松江)은 을사사화(1545년 大尹, 小尹의 대립, 小尹의 득세)로 힘겹게 지내며 율곡, 성혼, 구봉과 교우, 학문에 전념하다가 27세때

문과장원, 31세때 북관어사, 45세때 강원관찰사-관동별곡, 경치에 감탄, 올바른 정치의 다짐, 임금찬양, 임금에게 충성의 내용-에 부임, 50세때 관직에서 물러나 高陽新院, 昌平에 은거, 이때의 정치적실의(失意)에 의한 詩作耽溺이 국문학상 중요한 시기로, 思美人曲, 續思美人曲, 星山[8]別曲이 作辞되었다. 思美人曲은 切切한 戀君의 情을, 한부녀자가 이별한 남편을 사모함을 비유로, 자신의 忠貞을 고백, 스스로 여자의 몸으로 비유, 임금(宣祖)를 님이라하여 天分과 사랑-이별과 그 고통, 회한, 梅花 꺾어 보낼까, 옷지어 보낼까. 달·별빛 보내어 비춰볼까, 봄볕 보내드릴까. 이 고독의 병은 편작[9]이 열이라도 못낫게 하니 차라리 죽어서 벌나비되어 꽃향기 날라주며 임을 따르고 싶다는 憂時戀主之詞이다. 우리겨레 고유의 情을 순수한 우리 말·글로 썼다는 것, 더러는 한자(漢字)를 썼다하나 이들 단어는 그 시대에 이미 조선어처럼-오늘날 우리들이 사용하는 신어·외래어(新語·外來語) 성격으로 해석돼야 할 것이다.

續美人曲은 지나가는 女人을 상대자로 가설하여 問答式으로 시작, 이별은 나의 운명이며-상대를 원망하지 않으며-, 각시의 말을 빌어 임을 그리워하는 정경(情景)을, 우리의 정서에 맞게 표현하였고 후반부는 스스로의 반성 등 구류(句類)[10]가 무르녹고 연연하여 애끓는 심정이 넘쳐흐른다. 西浦도 '속미인곡은 前美人曲의 미진한 것을 다시 말하여 말이 또한 공교롭고 뜻이 더욱 적절하여 尤高'[11]라 평하였다.

---

8) 전라도 담양 창평지곡리에 있는, 金成遠이 지은 서하당, 식영정 중심의 풍류→시작은 김성원이나 中心은 송강 자신의 풍류로 봄이 타당.
9) 중국 전국시대의 유명한 의사.
10) 글귀의 흐름, 표현 방식.
11) 더욱 뛰어나다. 훌륭하다.

星山別曲은 성산의 풍경서술, 이곳에서 책과 더불어 성현·호걸과 가까이하고, 술과 거문고 더불어 眞仙 된 것 같다는 내용인데, 一個人의 칭송, 한 지역의 칭송, 漢文 냄새가 농후한 점 등 보편성은 적다.

以上의 作品에서 현재까지 살아 사용되고 있는 우리 말·글을 찾아보면—(필자의 판단으로 가려뽑다.)

- 어와—아!, 브라보며—바라보며, 도라드니—돌아드니
- 여긔로다—여기로다. •겨틴두고—곁에 두고, 옆에 두고
- 구버보며—굽어보며 •엇찌ᄒ야—어찌하여
- 여긔도곤—여기보다 •네히—넷이
- 거긔나—거기나 •슬피울제—슬피울 때
- 쏘어듸 잇단말고—또 어디 있단말꼬
- 츌하리—차라리 •뭇쟈ᄒ니—묻자하니
- 가디마오—가지마오
- 이술 ᄒ잔 먹어보오—이술 한 잔 먹어보오
- 밍근후의—만든 후에 •ᄀ인들엇디알리—갓인들어찌알리
- 님을조차—임을따라
- 날 괴시니—날 괴오시니(사랑하시니)
- 것거내여—꺾어다가 •엇더타—어떻다
- 밍그쇼서—만드소서 •무ᄉᄒ리—무엇하리
- 이시롬—이시름(근심) •범나븨—범나비
- 향ᄆ든(틴)ᄂᆯ애로—향문은 날개로   •올ᄆ리라—옮으리라
- 모르셔도 내님조ᄎ려—모르셔도 내님 쫓으려(따르려)

※ 송강은 '상황에 딱 맞는 우리말'을 골라 '꼭 써야 할 곳에 넣는', 우리말 사용의 천재다. "곳나모 가지마다 간ᄃ족족안디다가 향ᄆ든 ᄂᆯ애로 님의오ᄉᆡ 올ᄆ리라 님이야 날인줄 모르셔도 내님조

추려 하노라." 꽃에 앉아 묻은 향을 임의 옷에 옮으리라— 절절한 그리움, 은근한 사랑의 전언(傳言), 어찌 품지 않고 내칠 수가 있겠는가…….

續美人曲은 앞에서 현대어해설을 실었기에 생략한다.

西浦, 松江의 작품을 우리 말·글 사랑과 연계하여 살펴 보았다. 서포의 소설(小說), 송강의 가사(歌辭)는 공히 우리 말·글이 민족정서 및 가치를 가장 잘 표현할 수 있는 도구임을 증명하였고 이 사상은 국문학의 개념 정립(概念定立)으로, 지석영(池錫永)의 신정국문 6개조의 상소에 이은 주시경(周時經), 어윤적(魚允迪)의 국어연구, 언문일체(言文一體)의 문학운동으로 발전, 오늘에 이르고 있다.

- **낙수(落穗)**

조선조의 문학작품(소설, 가사, 시…)에 유별, 임금(王君)에 대한 충성, 그리움, 짝사랑 소재(戀主之辭)가 많다. 또 임금에게 직접 간(諫)하지 못하고 간접적인 비유법(比喩法)을 활용한 풍간(諷諫)—사씨남정기 등—이 많다. 위 송강의 가사만 보아도, 이항복(李恒福, 1556~1618)의 '鐵嶺 높은 봉에…'를 살펴도, 오직 연군(戀君)이다. 이런 흐름은 그 시대에 특성을 요약해 보면 짐작은 될 듯하다. 절대군주제, 조선왕조시대—생존을 위한 전략의 특성—① 실제적 충성, ② 진영간의 뭉침, ③ 적으로부터의 자신보호—변명의 수단 확보…… 등으로 이해되지 않을까—조선시대의 사화—을사, 무오, 갑자, 기묘사화 등—, 김종직의 조의제문, 송사련의 신사무옥, 남이(南怡) 장군의 '未平國—未得國' 등의 '체험적 유전' 때문이 아닐까 생각도 된다. 어쨌든 송강의 작품소개는 산수(山水), 自然의 物景, 身上歎, 회고가(懷古歌) 등 많고 넓으며 그의 歌辭는 많은 人口에 膾炙되어 妓女들까지도

애송(愛誦)할 정도였다. 時調에 있어서는 訓民歌같은 敎訓的인 것도 많아 즉흥적이고 파격적인 형식의 歌辭人, 호방한 風流詩人으로 우리곁에 영원히 남을 것이다. 朝鮮中期부터 우리말·글을 사랑한 文人으로······.

- **참고문헌**
  - 송강집
  - 김사엽의 정송강연구
  - 박성의 주해송강가사
  - 정인보 정송강과 국문학
  - 학원사 대백과사전

행동하는 한말글 사랑 모임

　유관책자에 권고기술 했듯, TV 취재에 응하는 일부 시민들의 의사표현, 보기를 들면 음식을 먹고 있는 손님에게 '맛 있습니까?'의 물음에 '예! 맛이 있는 것 같은데요'란 대답은 잘못된 의사표현이다. 당연히 '맛 있습니다.' 또는 '먹어보니 별로인데요.'로 해야 한다. '감사드리고 싶은데요'도 「싶기만 하지 감사드리지는 않겠다.」는 말인가―. '감사 드린다.' '감사합니다'로 표현하면 된다.

　책자를 통한 소극적 권고와 아울러 「한말글사랑모임」에게 KBS-TV 등 언론기관 등을 방문, 위에 보기 든바 「맛이 있는 것 같은데요.」 등의 대답 직후 TV화면 아래에 「'맛이 있습니다.'의 잘못된 의사표현입니다.」로 자막처리하여 송출하도록 하는 등 유관기관 모두가 「우리말 바로쓰기」에 동참하도록 하는 「행동하는 한말글사랑 운동」 적극화를 권고한다. 또 위 사례 등을 책자화하여 널리 보급 활용케 함으로써 우리말 중용이 생활하도록 해야 한다.

　말풍년만으로는 기대실현이 어렵다. 행동으로 실천하는 만큼만 한말글 중용―우리말 바로쓰기가 현실화될 수 있음을 명심해야 할 것이다.

<2014. 5. 15>

| 서포 문학테마파크 조성안 |

註; 필자가 서포기념사업회장으로 추진(발췌)

> 서포 김만중은 조선중기 선비로 누구보다도 한글을 사랑하였으며 한자 숭상의 시대임에도 순우리말로 소설 구운몽, 사씨남정기를 지었습니다. 서포의 고향이 대전시 전민동(옛 회덕현 정민역)이며 대전시의 미래지향적 정책수립-대전광역시의 문화관광인프라 구축: 한국학의 중심도시화-을 위한 본인과 대전발전연구회, 대전시의회의 합동토론회가 있었다. 발췌하여 싣는다.

정책토론회 계획(안)

(2015. 4. 7 현재)

대전광역시의회
DAEJEON METROPOLITAN COUNCIL

입법정책실

■ 토론회명

'구운몽 문학관광벨트'(가칭) 거점도시 선점을 위한 정책 개발 토론회

■ 개최목적

· 대전 및 국가적 차원의 김만중과 구운몽에 대한 가치 조명
· 대전과 김만중의 관련성 검토 및 관련 콘텐츠 활용 관광상품 창출 방안

- 문화콘텐츠를 활용한 스토리텔링형 관광산업의 성공 사례 분석
- 소설 구운몽 기반, (가칭) '구운몽 문학관광벨트' 거점도시 선점 방안 창출

■ 행사개요

- 일시 : 2015년 5월 7일(목) 14:00~16:00(예정)
- 장소 : 대전광역시의회 4층 대회의실
- 주최/주관 : 대전광역시의회(정기현의원)
- 참석 : 7명(일반참석자 50명)

좌 장	·정기현	대전광역시의원
주제발표	·설성경	전 연세대 교수
토론자 (가나다순)	·김정수	대전서포문학공원 조성추진위원장
	·문경원	대전발전연구원 선임연구위원
	·정관성	대전광역시 문화체육관광국장
	·최재각	유성문화원장
	·황대욱	김천대 교수

○ 주제 및 토론 내용 작성 방향

■ 주제발표

| "서포 김만중과 소설 구운몽 활용 관광산업의 미래와 대전의 역할"

설성경 (전 연세대 교수)
- 서포 김만중과 소설 구운몽의 가치 재조명
- 유배문화를 관광자원화한 남해군 '유배문학관' 성공사례 소개
- 홍길동 고증을 통한 장성군의 축제와 테마파크 사업 소개
- 서포와 대전의 연관성 시비를 설득할 논리적 접근법 제안

■ 토 론 ① | "대전서포문학창조단지 조성의 당위성과 실현 방안"
　　　　　　　김 정 수 (서포선생기념사업회장/대전서포문학공원 조성추진위원장)
■ 토 론 ② | "스토리텔링 관광과 서포 김만중 콘텐츠 관광상품의 경쟁력"
　　　　　　　문 경 원 (대전발전연구원 선임연구위원)
■ 토 론 ③ | "대전과 서포 김만중의 연고성 입증 자료 분석"
　　　　　　　최 재 각 (유성문화원장)
■ 토 론 ④ | "김만중의 지역적 관련성 고증 연구의 필요성과 지원방안"
　　　　　　　정 관 성 (대전광역시 문화체육관광국장)
■ 토 론 ⑤ | "(가칭)문학평화관광벨트 조성과 구운몽콘텐츠 선점의 중요성"
　　　　　　　황 대 욱 (김천대 교수)

※ 주제발표자 및 토론자 참고사항

○ 원고 제출 일정
　· 주제발표 : 2015.4.17.금
　· 토 론 문 : 2015.4.23.목
　　　　　※ 4.17 이후에 제공해드리는 주제발표 원고 참고하시어 작성

○ 원고 제출처 및 연락처
　· 남문희 연구원 : smartmoon@korea.kr / 270-5174

| 토론 ① |

−西浦 선생 기념사업회장 김정수의−
대전 서포문학창조단지 조성(안)

Ⅰ. 당위성, 제언

가. 대전서포문학 창조단지

1. 위치 : 대전광역시 유성구 전민동 선비촌, 서포연고(부모, 조부모, 백중숙부모 등) 묘역인근, 대전광역시 특수문화관광 프로젝트화 후 적지선정(기부채납 추진 중)
2. 시설(안) : 관리동, 문학창작관, 연구자료관, 연수관(숙박, 식당 등), 영상체험관(삼강오륜 등), 기호학파연구자료관(국학문화관 포함), 옥외체험관, 용궁(소설)체험관 구운몽, 팔선녀 구름다리, 기타

나. 당위성

1. 회덕현 정민역(전민동)은 서포의 고향입니다.
   - 여남(서포의 부)의 묘소가 정민임은 그의 절사를 예견 − 그의 절행을 회덕의 정신문화로 정립코자 한다(여남묘표, 송시열찬)
   - 여남은 순조16년(1816) 불천지위, 충신정려가 내려졌고 묘는 회덕정민역의 광산김씨 묘역 중앙에 위치, 정려는 묘역남쪽에 있다.(순조실록 19권)

- 서포는 모친(해평윤씨), 형, 자손 또는 혼자서 수시로 부친묘역을 성묘하였고, 이 사실이 숙종에게까지 이르니 가상히 여겨 특명으로 말을 내주고 제물을 주었다(숙종실록 p.630)
- 회덕향교 및 서원에서는 서포의 효행을 추앙하여 그의 본거지를 회덕현으로 공인하고 향안에 올렸다(회덕향록 신해개수본 p.46) - 별첨 복사자료 ①

※ 이 외에도 김진규의 문효공 행장, 서포의 정경부인 윤씨행장, 김상헌찬의 김반신도비(송준길서, 만기전, 숭정신축 1661.8) 등 입증문헌이 있으며 계속 사적과 문헌을 발굴 조사중입니다.
: 2014.2.26 시의회 정책토론회 - 황의동교수, 조성남 중구문화원장 등의 원고 참조.

2. 국어사전적 고향(연고지) 개념 - 민중서관, 동아출판사외 다수사전,
    1) 태어나 자란 곳 또는 그 지방, 家山(한집안의 묘지), 故丘, 故里, 故山
    2) 故土, one's home in nativeplace, 故園
    3) 제 조상이 오래 누려 살던 곳
    4) 鄕關. nativeplace

3. 서포의 위대성 - 대전을 국문학의 성지로 개발
    - 세계적 문학영웅 - 구운몽, 사씨남정기 : 국제적 베스트셀러
    - 충군 효친의 표상적 실천 - 선비정신의 모범, 백성사랑의 군왕정치 개혁상소
    - 국문학의 개념정립 - 김시습, 허균에 이은 국문학의 완전정립

다. 제언

위 사전적 개념, 서포의 위대성, 매년명절, 수시의 선영성묘에 대한 숙종의 배려 등 당위성으로 보아 대전이 서포의 고향이라고 주장함에 무엇이 두려운지 – 대전을 국문학의 성지로 자리 매김함에 무엇이 부족한지 –

- 위 당위성의 core 및 기호학파의 인물과 사상을 통합 Contents로 하여 대전 서포문학 창조단지 조성 Project를 구안, 추진한다면 이 또한 문화융성도모의 선진적 지방행재정이 아닌지 – 후손의 소명이 이러함에도 우리 모두가 잠자고 있는 것은 아닌지 –
- 영남, 호남 등은 소설내용과 향민의 족보를 연계시켜 테마공원을 조성하거나 터무늬를 찍고 있으며 관련 중앙인맥과 유림 등은 영남학파 중심의 유교문화 관광벨트를 조성하여 지역의 이미지를 제고 선양하고 있습니다.
- 우리 대전 – '있는 뿌리는 찾지 않고 뿌리가 없다고 한탄'하며 도청소재지 이후의 대전만을 대전의 역사로 인식하고 있는 것은 아닌지, 안타깝습니다.
- 우리는 문화융성의 선진대전을 후손들에게 물려주어야 합니다.

대전은 삼국시대부터 조선의 회덕현에 이르기까지 국방, 학문, 과학, 예학의 중심지였습니다.

후손인 우리는 설성경 교수의 주제발표 – 문화예술과 관광산업의 결합, 돈암서원(연산)과 연계된 서포문학정신의 고향 전민동에「대전 서포문학창조단지」를 반드시 조성해야 합니다.

그리하여 우리의 삶터 대전이 국문학의 성지, 기호학의 연구센터, 국방과 과학의 중심도시, 서포정신 관광문화 벨트의 거점도시로 거듭나게 해야 합니다.

이는 우리의 소명이자 우리가 수행 완수해야 할 역사적 사명입니다.

Ⅱ. 실현방안 : Masterplan요약분

가. 기저 : 서포선생 기념사업회 정관 및 문학창조단지조성 당위성, 서포와 대전의 연고성(家山, 삼강정려, 애민실천의 정치사상 실현 등), 지역특성(기호예학의 중심, 뿌리효축제, 과학연구도시, Expo 영화마을....)

현대 국가 경영 Paradigm변화(경제영역확장에서 정신문화 확장중심, 영국의 전국토 Storytelling 및 중국, 일본의 USR 수입조성 등), 미래산업대처 MESIA(노동력 Zero 시대 도래)

나. 목적 : 서포의 연고지인 회덕현 정민촌(현 전민동)에 서포문학창조단지를 조성 - 대전의 국문학 성지화, 국제문화관광도시화, 국문학 한류화의 거점화 - 기대효과(Expect)의 충족도모

다. 전략(Strategic Plan) : 기반조성 - 아젠다화 - 정책화(지방, 중앙) - 실현 : 2014~2018

1. 세미나, Discussion 개최 : 필요시
   - 전문교수단 운영, 협조체제 구축 : 전문교수 및 시청, 관련부처, 시의회 학술 연구사업화
   - 시, 문화재단 등에 예산지원 요청
   - 서포와 대전의 연계 - 회덕향안, 조선왕조실록, 윤씨행장 등
   - 「대전 - 구운몽의 도시」 선언유도 - 대전축제의 특화유도
   - 대전발전 연구원의 도시 경영 연구 주제화(과제화) : 연구원장, 기획조정실장 및 관련 연구원

2. Organizations's, Meeting's

1) Organization
   - 대전 서포 문학창조단지 조성 추진위원회 조직운영
     ※ 전문분야 및 문중조직 + outsourceing(아웃소싱) − 추진과정상의 효율성 제고 + 해평윤씨家, 유관 妻外家포함

2) Meeting's
   - 문중 임원 월례회 − 전월실적보고, 금월계획안내, 기타협의 (기금, 기타)
   - 5개구 문화원장 연석회의 − 년 2회, 대전문화예술진흥 및 문화융성 접근방안협의(대전서포 효 문화축제, 백일장, 기타)
   - 유관기관장 초청(방문) 협의회
     - 6개 국회의원 사무실(국장), 유성구의회, 대전문학관, 시사편찬 위원회, 회덕향교 등 국회의원, 시장, 교육감, 구청장, 대전발전연구원장, 문화재단이사장, 기타
   - 경상남도 남해군청과의 제휴(협의) − 서포문학상, 기타(단일화, 국제화....)

3. 홍보 및 서명운동

1) 홍보
   - 신문 : 대전일보, 중도일보, 금강일보, 기타 − 일상보도 및 기획보도, 수시
   - 방송 : KBS−TV.Radio, MBC−TV.Radio, SBS−TV.CMB 기타
   - 도서 : 대전예술(월간), 청풍(월간), 충청투데이(월간), 대전교육(월간), 충청매거진, 예우(계간), 한말글사랑(계간), 기타(출판)
   - SNS망(Net work) 구축 : 청년조직, 알바조직운용, SNS를

통한 시민, 사회단체와의 소통
- 사업회 카페 운영 : 관련자료 입력, 응답, 당위성 확보 – 전국 확산시도

2) **서명운동** : 10만명 목표 서명 – 유관기관전달 – 아젠다화 및 반영유도. Banner배치 (유관기관 정문 등)
- 대전시내 고교생 이상 학생대상 : 고교62개교(6만명), 대학교 (2만명)
- 일반시민 및 문중 : 2만명
  5개문화원, 대전사랑시민협의회, 국회의원 사무실, 문중 및 종친회, 기타 유관기관 협조

4. 운용예산 확보(기금조성)
1) 문중, 종친회 성금 및 임원 협찬 – 배정 또는 유도, 권고
2) 유관기관 예산지원(대전시, 대전교육청, 문화재단, 기타)
   – 사업책정 및 지원요청 (국가예산 + 지방예산)
3) Social Funding, Cloudfunding 모색, 실천(사회단체, 예술단체, 언론과의 제휴)
4) 기 타

5. 단위사업 (접근을 위한 사업 : Approaching Work's) : 유관기관과 협조·제휴
1) 회덕(대전)향시(鄕試) 제정실시 : 회덕향교, 서포효문학 축제와 연계
2) 서포문학상 및 학생 백일장 : 대전 교육청, 경남 남해군 협조, 초중고 학생 대상   ※ 대전문화원 연합회
3) 대전 효문화 축제 : 봄 또는 가을, 대전광역시와 교육청주관, 1·2항의통합, 「구운몽의 도시 대전」 선포 – 대전축제의 특화

4) 선비촌 유휴로변의 西浦街路公園化, 충효소설비 및 석조좌상 등 관련 조형물이전, 보완 – 경상남도 남해군의 석조입상 지원.
   5) 西浦館, 西浦Hall 命名(Naming) – 공공기관, 공공건물, 시설 등
   6) Expo영화마을의 西浦特化 – 구운몽, 사씨남정기 등 Set화 조성(Jointogether)
   7) 기 타

 라. 정책화, 국가(지방)사업화 – 정책화 이후는 국가, 유관기관 관리체제로 전환

 1. 조성부지의 관련문중 기부채납(헌정) 추진
 1) 대 상 : 대전 유성구 전민동 인근
 2) 방 법 : 사업회 임원진의 설득, 문중임원회의 참석, 사업회 관련자료 및 정보제공

 2. 유관기관과의 공조연대
 1) 유관기관 : 시청(의회), 국회(사무처), 문화체육관광부(소관부서), 기타
 2) 방   법 : 수시방문 아젠다화 유도, 서명부 전달, 정책화 협조 요청
 3) 기 타 :
   가) 지역 국회의원과의 유대, 상호협조체제 구축(방문, 서명운동 동참권유)
   나) 선거(지방, 총선, 대선) 이슈화, 전략화, 공약화 시도
 4) 문화체육관광부와의 가치공유추진 – 인적 Intra 구축, 국제언론매체와의 의사소통(SNS 등)

• 컬럼, 면담, 자료제공, 국가문화관광상품화 추진(구운몽의 국제어 출판 보급, 기타)
※ 유관기관과 공조 : 서포묘역(북한소재) 확인, 전민동家山묘역 이전 추진 – 남북대화 Content's화, 조국통일 ISSUE화

마. 기대되는 효과(Expect)

1. 시민공유자산으로서의 서포문학창조단지 – 대전의 Story City화
시민의 휴식문화공간으로 기능, 시민정서생활 수준제고, 대전이 국문학의 성지로 자리매김 할 것이며, 과학, 문화예술, 한국예학(국학–기호학)의 연구중심도시로 발전, 대전지방재정자립도 제고는 물론, 시민의 일자리 창출에도 크게 기여

2. 한국인문학(기호학)의 중심지 회덕현(현, 전민동. 대전) – 대전의 문화관광 Belt 중심도시화
대전을 기점으로 연산, 노성, 상월, 강경, 화양 등을 잇는 충청권 관광벨트가 완성됨으로써 지역문화 융성 및 대전의 국제도시화는 물론 국가정책인 문화 융성에 크게 기여

※ 참고사항

1. 서포문학창조단지 조성 Contents(안)
관리동, 문학관, 연구자료관, 연수관(숙박, 식사 등 편의시설 포함), 영상체험관(삼강오륜, 전통예절, 구운몽, 사씨남정기 Set체험 등) 국학, 연구 연수자료관, 옥외공원, 구운몽 팔선녀 구름다리, 기타

2. 본 Plan은 – 2018의 장기계획이므로 학목별 세부 Plan을 수립, 추진하여야 하며, 보완수정 할 수 있음.

※ • 첨부자료 : 회덕향안 발췌본
 : 보완자료 : 토론자 부연설명요약

● 첨부자료 – 회덕향안 발췌본

懷德鄉案上

處士 宋愉 洪武己巳
判校 宋遙年 期叟 宣德己酉
司直 宋繼中 永樂丁亥
判官 宋繼祀 贈持平
郡守 宋甫昌 福汝 贈判書
府使 金益昌 子章 辛酉
學生 宋時烈 子健 壬寅 祭酒 文正公 丙文衡 辛亥改修正時追書
判書 金益熙 仲文 庚戌
生員 宋奎泰
承吉 金萬均 正平 辛未 贈泰列 辛亥改修正時追書
學生 朴世英 子長 甲午
領議政 朴淳 和叔 歸思庵 諡文忠

典籍 閔龜孫 甲申
宣務郎 宋汝楫 贈貳成
學生 宋汝舟
進士 宋汝礪 賀兒
縣監 朴亨男 士澄
學生 梁源河 士辰
祭贊 宋浚吉 明甫 丙午 崇禎菴 贈諡文正
學生 金應砥 直之 辛亥
泰判 金益炅 季明 己巳
主簿 姜篁 嘉靖丁巳
正字 金益煦 仲明 乙丑 贈泰列 辛亥改修正時追書
進士 金萬塲 德基 崇禎戊子

懷德鄕案 下

領事	宋奎精 粹夫 丙午 尤菴先生 文正公
幼學	宋時烈 英甫 丁未 辛亥改修正時追吉
僉知	宋時亨 吉達 己巳
幼學	姜 鑲 重 癸卯
幼學	鄭洙應
同知	閔 㰿 子慶 丙申

幼學	宋奎瑞 罷己
叅判	金萬重 重叔 丙子 行判書 諡文孝公
縣監	李德老 子耶 丁丑
幼學	鄭 機 省汝
幼學	姜是眞 遇伯 戊寅
主簿	金萬埃 君平 己卯
縣監	閔鎭長 己丑 守甫 辛亥改修正時追書
修撰	金鎭龜 辛卯

幼學	宋時范 景涵 戊午
幼學	姜 鑌 君寶 戊午
幼學	閔光湜 少旭 戊午
同知	金應礦 士輝 戊午
幼學	宋時中 戊午 懋叔
左尹	金益勳 懋叔 己未
前叅奉	閔泰重 庚辰 士亨
幼學	姜世觀 日者 壬午
修撰	金萬埰 子封 甲申 叅判 辛亥改修正時追吉
判官	宋之轍 子由 甲申
察訪	宋殷錫 仁一 乙酉
主簿	金萬吉 子迪 乙酉
生員	閔鎭厚 靜能 己亥 子厚 行判書 諡文忠公 辛亥改修正時追吉
叅奉	金萬裁 子辰

보완자료 - 토론자 부연 설명 요약본

1. 서포선생 기념사업회란?
   - 10여 년전 정덕기 충대총장 발기, 사재동교수, 김희수총장, 현 김정수회장
   - 서포고향에 문학공원조성 - 국문학의 성지화, 원융사상으로 갈등해소의 교육장화
   - 세미나, 저술, 서명운동, 현수막활용-서포 : 회덕현연고 및 당위성제고

2. 서포선생은?
   - 조선인조때출생, 효종, 현종, 숙종조의 거유, 문학사상가, - 국문학 개념정립
   - 유불선도의 원융사상 기반, 구운몽, 사씨남정기-세계적 문학작품, 강직상소로 왕도정립-금성, 선천, 남해유배.

3. 문학공원조성 사유?
   - 서포-유불선도와 주역, 충효가치의 작품화, 국문학의 개념정립-국문학의 기둥
   - 전민동-회덕현 정민역-이 서포의 고향연고지, 서포 조부모, 부모의 묘역이며 전국유일의 단일문중 삼강정려각 소재지. (4개소)

   ※ 서포연고지인 전민동에 조성-국문학의 성지화, 삼강체험교육장화
   - 국가운영의 두 축을 문무로 볼 때
     - 문 : 문효공 김만중 - 대전 서포문학공원
     - 무 : 충무공 이순신 - 아산 현충사

4. 서포 선조 묘역 내용은?
   • 유성구 전민동 선비촌 소재

■ 묘소위치

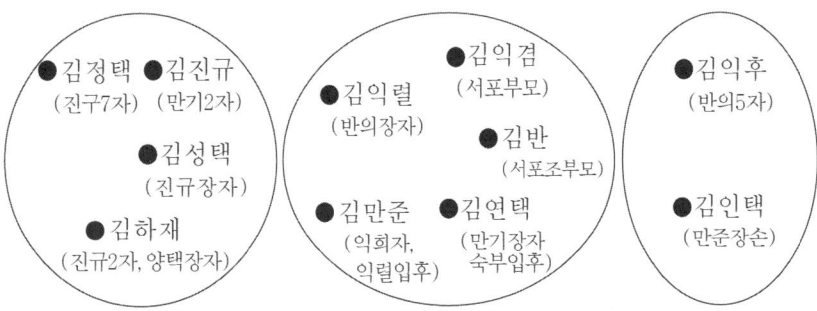

※ 삼강정려각
- 군위신강 – 서포 부친 : 충정공 익겸 – 순조16년(1816) 부조위, 충신정려 명
- 부위자강 – 서포   : 문효공 만중 – 숙종32년(1706) 효자정려 명
- 부위부강 – 서포 조모, 질부 ┌ 연산서씨 – 인조17년(1639) 열녀정려 명
                              └ 연일정씨 – 영조28년(1752) 열녀정려 명

※ 병자호란 강화도 순절 – 우의정 김상용, 우승지 홍명형,
                         별좌 권순장, 생원 김익겸

5. 남해군의 서포사업과 관계:

완전 별개, 개념과 조성동기 및 목적이 다름
┌ 남해군 – 지방재정 확충방안, 유배문학관, 서포를 활용할 뿐
│   – 군단위 사업
└ 대   전 – 서포연고지, 국문학성지화, 삼강체험 교육장화, 연구기
            관화 – 국책사업

6. 앞으로의 전개과정
   • 서포의 사상, 국문학적 공헌, 충효예의 삶 – 스토리텔링으로

현창해야
- 대전시민 및 당국의 무관심, 소극적 접근-아는 사람들이 분위기 조성해야
  1) 알리자 : 세미나, 현수막, 서명운동, 언론매체보도(인터뷰, 기획보도, 스페셜)
     ※ 현수막-5개문화원, 시청, 교육청, 대전발전연구원 정문, 기타 네거리 등.
  2) 당국과의 소통-Partner Ship. 시청 + 대전발전연구원
     ·아젠다 ·프로젝트 ·매스터플랜
  3) 국책사업화 도모 - 시의회 주관 정책토론회 대전발전연구원의 연구과제화

※ 향안(鄕案) - 향록(鄕錄) : 향족 - 향원이 될 수 있는 자격을 갖춘 가문-의 명단을 적은 책자, 세족(世族), 현족(顯族), 우족(右族)등의 재지인(在地人)명부 유향소(留鄕所)에서 기록·보존함. 경안(京案)과 대칭

'웨어'(우여 X)가 맞다

요즈음 곳곳에 제철 만난듯 '강경 우여회, 현수막이 걸려있다. 어떤 곳은 위여회, 유어회라고 쓰기도 했고 … 잘못이다. '위어'가 맞다.

위어(葦魚. Coila Ectens)는 멸치와 바닷물고기로 몸길이 30cm 정도.
납작하고 뾰족한 칼 모양이다. 작은 비늘로 덮인 몸체는 은빛이며 배는 황색이다. 민물과 짠물이 만나는 강경 금강에서 많이 잡힌다. 봄과 여름에 알을 낳기 위해 올라온다. 다른 말로 도어(魛魚), 웅어, 제어(鱭魚) 또는 열어(鮤魚)라고도 한다.
낱말 하나라도 바르게 씀이 바로 한말글 사랑이다.

아래의 몇 가지 보기처럼 잘못 말 쓰기도 바르게 고쳐졌으면 한다.
- 감사드리고 싶다.　　　　　　감사드린다.
- 먹어보니 맛있는 것 같다.　　　맛있다.
- 매로 맞으면서도 아픈 것 같다.　아프다.
- 약값이 천원이 되시겠습니다.　　천원입니다.
- 와서 보니 경치가 좋은 것 같습니다.　좋습니다.

· 제가 이겨서 <u>좋은 것 같습니다.</u>　　　<u>좋습니다.</u>

※몸소 겪은 것을 마치 남이 겪은 것처럼 말하는 말 쓰기 잘못이다 많다.

불교 경전표기로 본 한글의 뛰어남

반야심경의 첫머리를 ① 범어(산스크리트어), ② 한자, ③ 한글로 표기하면 아래와 같이 할 수 있다.
① Mahā panna pāramitā.
② 摩訶 般若 波羅蜜多 心經.
③ 뜻: 끝없는 깨달음의 깊이 새길 말씀.
　소리: 마하 판냐 파라밋타.

②의 한자표기는 범어의 음사(音寫: 소리만 빌림) 즉 '판냐'를 '반야'로, '파라밋타'를 '파라밀다'로 소리값이 비슷한 한자를 뜻과 관계없이 소리만 빌려 표기한 것이다. 심경(心經)만 뜻을 살린 단어이다. ③의 한글표기는 범어의 소리값도 그대로 살리고, 뜻도 간단명료하게 정리 표현한 것이다.

반야심경의 끝부분에도 살펴 볼 내용이 있다. 「得 Anuttara-Samyak-Sambodhi; 得」阿耨多羅 三藐1) 三菩提; 아 아뇩다라

---

1) 藐; 아득할 막, 멀묘, 지치모로 읽으나 범어대로 먁으로 소리흉내.

삼먁 삼보리를 얻었도다2)」라는 경전문구다. 觀音·勢至의 끈인 물 (정원과 경내에 물을 끌어들여 흐르게 한 것)은 '아뇩다라,3) 아누다라 하면서 흘러나오고 흘러내려간다.'라는 노래의 인용이다. 흐르는 물소리의 한자표기는 범어의 소릿값으로 꿰맞춘 것이다. '아뇩(누)다라'에 딱 들어맞는―물 흐림꼴에 따른 한글의 꾸밈말은 헤아릴 수 없이 많다.

한글은 움직씨, 꾸밈씨 등이 '쓰면 쓸수록' 그 뛰어남이 '느껴지고 드러나는' 세계최고의 소리글이다.

---

2) 阿耨多羅 三藐 三菩提; 아 아뇩(누)다라 삼먁 삼보리. (佛)Anuttara-Samyak-Sambodhi의 음역, 無上正遍智, 無上正等覺으로 번역되며 最上의 佛智, 또는 부처의 깨달음을 의미함.
3) 耨: 김맬누, 녹으로 읽으나 여기서는 물소리의 소릿값으로 녹으로 했음.

어떤 광고

제56회 「아산성웅 이순신 축제」
지역축제의 안내광고이다. 작년에도 횟수만 다를 뿐 같은 문장이었다. 아나운서가 읽은 방법도 문장과 같다. 도대체 '아산의 성웅 이순신'인지, 아산의 여럿 성인 중 한 사람인 이순신인지…….

우리말(글)은 띄어쓰기(말하기) 또는 쓰는(말하는) 순서만으로도 그 뜻이 달라진다. 다음의 광고문처럼…….

① 「아산성웅 이순신」 ; 아산의 성웅이순신(지역성웅)
② 아산 「성웅이순신」 축제 ; 「성웅이순신」의 아산축제
③ 아산축제 「성웅이순신」 ; 아산축제명 「성웅이순신」
④ 「성웅이순신」 아산축제 ; 아산에서의 「성웅이순신」 축제-

지방자치단체, 언론 등 기관은 국민의 언어생활에 있어 '바름의 본보기'가 돼야 할 것이다. 우리 역사상 가장 위대한 성웅이순신장군이 지방의 지역성웅으로 잘못 자리매김 돼야 하겠는가!

「그랑 또와」

어느 식당 간판광고다. 외래어가 아닌, 순우리말이다. 읽어보면 그 뜻, 말맛이 금방 느껴진다. 마음도, 느낌도 하나인 당신 그이랑 「그랑」, 내일 또는 곧 다음에 또 와 「또와」. 얼마나 감칠맛 나고 정겨운 광고인가 「그랑 또와」. 나는 그 집에 자주 간다. 그 집의 막걸리는 진짜 우리나라 술인 막걸리 맛을 낸다.

우리말(글)은 쓰기에 따라 그 말맛이 무궁무진한 세계 최고의 말(글)이다. 말(글)을 얼마나 바르게 쓰느냐에 따라 그 사람의 품격이 달라진다. 우리말(글)로는 세계 최고 수준의 「어떤 광고」도 만들 수 있다.

(2017.05.05)

왜들 이러나…

  요즈음 뜬 말 중에 '○○은 그뤠잇, △△는 스튜핏'이 있다. 우선 뜻부터 알아보자.

  Great [gréit] : 큰, 거대한, 대단한, 고도의, 위대한, 많은, 유명한, 고명한, 굉장한, 멋진, 뛰어난, 건방진, 성공한…… 내용으로 보아 성공한, 멋진 등의 뜻으로 쓴 것 같다. 굳이 영어로 해야 할까. - 그냥 '당신 멋져!' '당신 똑똑해' 하면 어떨까… stupid [stjúpɪd] 또는 stupidity [stjúpɪdəti] : 어리석은, 바보같은, 시시한, 우둔한, 무감각한…… 이것도 '당신은 얼간이' '당신은 바보?' 하면 될 것을……

  우리말 씀씀이의 잘못된 장면이 한두 곳이 아니다. 방송을 보자. 십대들의 말 줄여 쓰기, 소리 나는 대로 쓰기는 '저리가라'이다. '이만갑'-이제 만나러 갑니다, '우서 주께서'-웃어 죽겠어, '추카해요'-축하해요 등이 자막으로 그냥 나온다.
  일상 언어는 어떤가? '약값이 만원이 되시겠습니다.'-만원입니다, '감사드리고 싶습니다.'-감사드립니다, '허리가 얇네요.'-허리가 가늘군요, '키가 높아서'-키가 커서, '말씀드리고 싶습니다.'-말씀드립니다.

또 하나…… 해마다 듣게 되는, 고쳐지지 않고 있는 축제 광고이다.
'아산 성웅 이순신 축제'?—이순신 장군이 아산의 성웅인가?, '성웅 이순신, 아산 축제'라야 옳다.
'성웅 이순신'에 대한 축제는 한산도에서도, 충무에서도, 대전에서도 열려야 한다. 우리의 이순신 장군은 어느 한 지역의 성웅이 아니다.
말과 글은 제 맛 제멋을 지녀야 한다. '서울 세종대왕 축제'와 '세종대왕 서울축제'는 그 말맛과 누리려는 값이 다르다.
앞에 것은 서울의 세종대왕, 또는 많은 서울축제 중의 하나인 세종대왕 축제이고 뒤에 것은 전국에서 또는 전 세계에서 열리는 세종대왕 축제 중 서울에서 열리는 축제인 것이다. 말은 쓰는 순서에 따라 그 뜻이 달라진다.
한글과 세종대왕, 세종대왕과 한글, 지닌 값이 완전히 달라진다.
말은 제대로 써야 말 값을 지킬 수 있는 것이다. 또 말(글)은 그 사람의 사람됨을 나타낸다. 말과 글을 제대로 쓰는 사람이 제대로 된 사람이다.

『훈민정음 해례본』(원본)을 보존한 광산김씨 긍구당

광산김씨긍구당고택은 경북 안동시 와룡면 가야리 228(가야길 377-5)에 있다. 이 고택은 2000년 4월 10일 경상북도 유형문화재 제316호로 지정되었을 뿐만 아니라 『훈민정음 해례본』(원본)을 보존한 곳으로 유명하다.

당호인 긍구당(肯構堂)은 유일재공 김언기(彦璣, 1520~1588)의 4세손인 김세환(世煥, 1640~1703)의 호를 따서 붙인 것이다. 긍구당에서 '긍구(肯構)1)'는 『서경(書經)』의 「대고(大誥)」편에서 나오는 말로, 조상들이 이루어 놓은 훌륭한 업적을 소홀히 하지 말고 길이길이 이어받으라는 의미를 담고 있다. 타 문종에서도 '긍구'라는 좋은 뜻이 있어 '긍구당'이란 건물이 있다.

이 고택은 원래 가야서당(佳野書堂)을 열어서 수많은 제자를 길러낸 언기(彦璣)의 두 번째 부인인 영천이씨(永川李氏)의 친정집으로 참봉공(參奉公)의 집이었는데, 언기가 46세 때 장인으로부터 물려받았다. 언기는 첫 번째 부인과 사별하고 영천이씨와 재혼하였는데, 30대 후반에 처가에 들어가 기거하기 시작하였다. 이후 부인 영천이씨에게서 난 차남 득숙(得肅, 1561~1649)에게 물려졌으며, 지금도

---

1) 肯構의 本義 : 아버지 사업을 아들이 계승하여 성취하다.

그 후손(後孫)인 대중(大中)이 거주하고 있다. 원래 99칸에 이를 정도로 규모가 컸다고 하나 세월이 흐름에 따라 안채를 제외한 다른 부분들이 줄어들었다. 약 70여 년 전인 1940년대에 건물을 보수하였다.

이 고택은 정침(正寢)과 사당, 방앗간 등의 건물로 이루어져 있다. 정침을 가운데 두고 그 동쪽에는 사당이 위치하며, 서쪽에는 방앗간이 자리 잡고 있다. 정침은 정년 5칸, 측면 5칸의 크기로 평면은 'ㅁ'자형을 이루고 있다. 건물의 전면에는 중문을 중심으로 좌측에는 문간채를 두었고, 우측에는 사랑채를 두었으며, 그 후면에는 안채를 배치하였다.

이 고택에 언기의 종손인 김응수(金應洙)가 『훈민정음 해례본』(원본)을 가문에서 내려온 보물로 보존하고 있었으나, 응수 씨의 사위이며, 이한걸의 삼남인 이용준(李容準)이 몰래 가져갔던 것을 되찾아 왔고, 이후에 간송(澗松) 전형필(全鎣弼)이 소장하게 되었다고 한다.

전형필은 1942년 『훈민정음 해례본』(원본)이 안동에 있다는 사실을 듣고, 소유자가 원한 물건 값의 10배를 주고서 구입해 지켜냈다고 한다. 현재까지 『훈민정음 해례본』(원본)은 간송미술관에 소장된 것이 유일하다.[2] 단 한 권의 국보 제70호 『훈민정음 해례본』(원본)이 전형필 선생의 덕분에 보존될 수 있었다. 하지만 간송은 그 출처를 말하지 않고 단시 소유자에게 10배의 값을 주고 샀다고만 말했다. 그 소유자가 바로 광산김씨 긍구당의 종손 응수라는 것이 근래에 확인되었다. 응수는 현재 퇴촌공의 후손이며 대중의 할아버지이다. 대중 씨는 다음과 같이 증언한 바 있다.

---

2) 『훈민정음 해례본』(상주본)이 발견되어, 2012년 조 모 씨로부터 배익기 씨가 소장, 문화재청은 대구지법 판결에 따라 강제집행으로 회수, 국가에 귀속시킬 예정이다(2018년 3월 현재).

"바로 이한걸 씨의 삼남 이용준 씨가 나의 고모부일세. 이 고모부 되는 이가 선전(지금의 국선)에 특선할 만큼 글씨도 잘 쓰고 글도 잘했네. 그러므로 조부(김응수)께서 사랑하여, 오시면 책방에서 마음대로 책을 보게 하였다네. 그분이 이런 점을 기회로 『훈민정음 해례본』(원본)과 매월당집을 가져갔네……. 내가 어릴 때 조부께서 고모부에게 '너 이놈! 공부한 선비가 남몰래 책을 훔치다니 다시는 내 집에 발걸음을 하지 말아라!' 하시면서 꾸중하시는 것을 똑똑히 보았다네."

-김응수의 손자 김대중, 1991년 10월 18일

그간 이 『훈민정음 해례본』(원본)의 출처가 어디냐에 대해서는 의견이 분분했다. 최초로 이한걸 씨 집에 보존된 것이라고 소개한 사람은 1950년 대 안동고등학교 교사 정철이었다. 그는 학술지 『국어국문학』에 「훈민정음의 보존 경위에 대하여」라는 글에서 "『훈민정음 해례본』(원본)은 안동군 와룡면에 사는 이한걸 씨 선조가 훈민정음 창제에 관여한 공로로 하사한 책인데 일제 말기 가정형편이 어려워 쌀 약간을 받고 간송에게 팔았다."는 내용을 발표하였다. 이 후 『훈민정음 해례본』(원본)은 이한걸 씨 가문에서 전해온 것이라는 것이 학계의 정설로 굳어져 왔다.3) 그러나 이한걸 씨 댁에서 나왔다는 설 이외에 '경북 의성의 한 고가에서 발견되었다.', '일본학자이자 경성제국대학 교수인 오구라신페이(小倉進平)의 위작이다.', '이한걸 씨의 삼남 이용준의 처가일 것이다.', '안동 와룡면 소재 긍구당가의 세전가보(世傳家寶)이다.' 등의 이야기가 영남지방에서 분분하게 떠돌았다.

이렇게 분분했던 그 출처가 "광산김씨긍구당이다."라고 건국대학교 박종덕 교수가 『한국어학』(학술진흥재단의 등재지인 권위 있는 논문집)에 게재했다. 박 교수는 『훈민정음 해례본』(원본)의 출처인

---

3) 정철은 이 글을 발표함으로써 경기고등학교 교사로 발탁되었다.

긍구당가를 세계문화유산 훈민정음 마을로 지정해야 한다고도 했다.
 이 고택에는 경상북도 민속자료 450호로 지정된 감실(龕室) 4점이 있다. 이 문화재는 유일재의 손부(孫婦) 경주최씨가 시집 올 때 가져왔다고 한다.

긍구당 안채

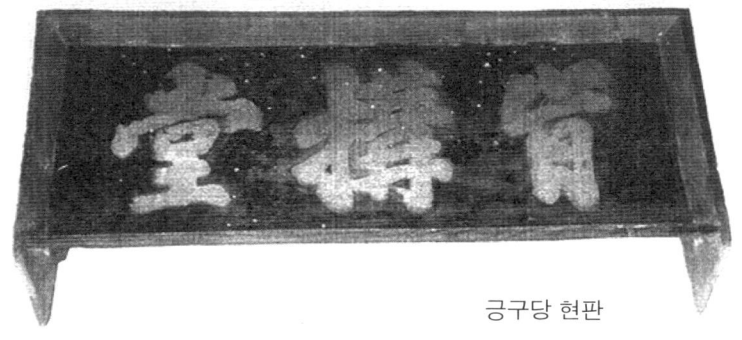

긍구당 현판

긍구당 감실

긍구당 아래채

■ **참고사항**

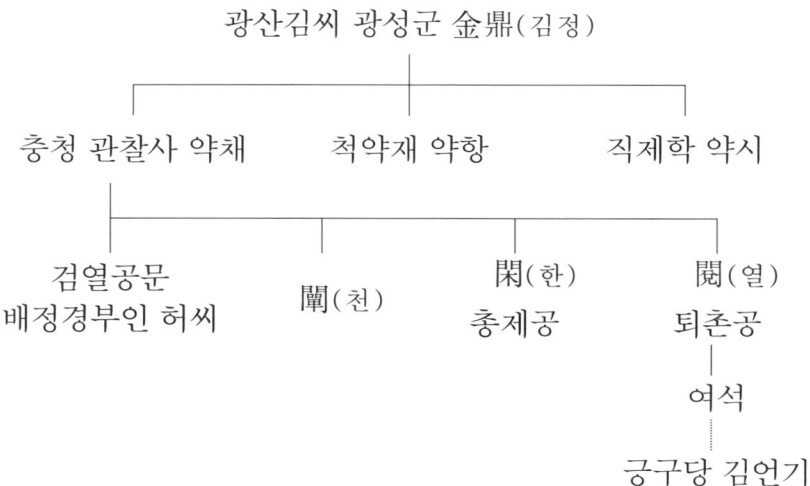

한말글의 세계어화(世界語化)

I. 머리말

말과 글은 생명력, 변용력(變用力)이 강한 문명과 문화, 특히 학문·학술분양의 표현도구다. 또 현대 우리들의 한말글 소통생활은 상당부분이 외래어, 줄임말, 신조어(新造語), 청소년들간의 은어(隱語, 변말, Secret Language)들로 Fusion화되어 있다. 이런 현실에서 '오직 한글전용만이 우리말 발전의 수단'이라는 주장은 다소 무리가 있다. 이제는 융통성 있는 언어생활─한말글에 대한 폭넓은 다양한 연구와 어휘 확장을 위한 과감한 포용으로 한말글 사용인구의 대폭 확장을 통한 한글 세계어화(世界語化)에 힘써야 한다. 이를 위해서 '영어의 여정' 또는 '영어의 모험'[1]은 참고가 될 것이다. 영어는 세계언어분류상 아리안계─Indo Germanic·Indo European 갈래─German서언어(西言語) '낮은 땅' 언어이다. 어휘수가 18만 이상이고 타언어(他言語)에 대한 흡수통용에 너그러워 그 구성이 앵글로색슨계 60%, 라틴계 30%, 그리이스계 5%, 기타 5%로 되어 있다.

---

1) 앨번브래그 : The Adranture of English, 김명숙 외 역.

Ⅱ. 세계어화 전략(世界語化 戰略)

　세계 경영, 국력의 평가는 국방, 경제, 인구, 문화 등을 주요요소로 한다. 우리는 인구경제지표 세계 11위권이다. 문화력(文化力)은 K팝, K뷰티, K컬쳐로 세계가 주목하고 있다. BTS(방탄소년단)을 보라! 이 현상을 지속적, 발전적으로 유지시키기 위해 문화전달, 전파 동력화 수단인 한말글의 세계화(世界化)에 진력(盡力)해야 한다. 한말글 사용의 인구를 우선 1억 명 이상으로 목표하고 '동티모르의 사례'처럼 한글로 표기, 표현가능한 모든 언어를 포용, 융합하여 모든 인류들에게 적극적으로 보급해야 한다. 한말글의 민주애민사상, 과학성, 창의성에 저촉되지 않은 한 포용과 융합은 강조돼야 하며 편견에 의한 배타성은 배제되어야 한다. 한말글은 일본의 조선어 말살 정책, 심지어 창씨개명, 풍수지리에 의한 땅이름 바꾸기, 상징물 폭파 등 갖은 고난을 겪었으나 이를 이겨내고 오늘에 이르렀다. 세계어인 '영어의 여정'도 이와 유사하다. 고대, 중세, 근대, 미국영어로 생명을 유지해온 영어를 모국어로 사용하는 인구는 3억 8천만 명으로서 중국어(베이징어)를 모국어로 쓰는 10억 명의 절반도 안되지만 역사적으로 고대영어―게르만의 방언(方言)에 불과했던 언어가 지금은 15억 명 이상이 널리 사용하고 있으며 경제적 가치는 6171조 4241억 원으로 평가되고 있다.[2]

　5세기경 브라타니아(영국)에 상륙한 고대영어는 게르만족의 방언 100여개―the, and, is, you, of 등을 포용 흡수하여 어휘를 늘리고, 1066년 헤이스팅스 전투에서 영국이 노르만족에 대패(大敗)한 후 300년간 1만개에 대하는 프랑스어에 흡수, 라틴어와의 융합 혼용으로 쇠퇴하였으나 농민반란후 1399년 헨리 4세에 의해 왕실언어로 발전

---

2) 독일어 : 2745조 8800억 원
　　일본어 : 1845조 5204억 원
　　중국어 : 647조 4491억 원

하였고 17세기에는 미국을 영어상속자로 하여 청교도들의 성경작업 등으로 더욱 발전하였다. 노예무역에 따른 Very clean 대신 Clean Clean, CooL(근사한) 등의 재즈 등 흑인문화도 융합 포용, 미국의 대중문화를 대표하였고 20세기 초부터 전세계적으로 전파되어 영어의 세계지배력이 확장된 것이다. 영어가 미국을 상속자로 하기 전의 상황이 우리 한말글의 과거 여정과 유사하지 않은가.

우리의 우리 '한말글 세계어화' 정책도 한글중용(重用)에 기초한, 흡수, 포용, 융합, 창어(創語) 등의 수단으로 계획하고 추진해야 한다.

1. 한말글 언어문화권의 확장 : 한글의 국제경영기지화.

한말글 사용인구는 한반도와 해외교포들을 합해도 8000여만 명 정도다. 노령인구 증가, 출산율 저하 등 인구감소 현상으로 자연적 상태로는 한말글 인구 1억 명 돌파 및 확장은 어렵다. 경제문화적으로 한반도 밖으로 뻗어나가는 한말글 사용지역 확장 전략을 짜되 효율적이고 조직적으로 국력을 결집, 집중 투자 등을 Project화-PRO의 Core화, Smart화 해야 한다. 우선 우리와 역사적, 문화적, 경제적으로 관계있는 지역, 국가를 기지화(基地化, Base)[3] 해야 한다. 한국인이 많이 거주하는 지역은 금상첨화(錦上添花)일 것이다. 중국의 만주, 러시아의 연해주(우수 리스크 롯데 농장, 한카호수 인근의 대순진리회 농장), 카자흐스탄 및 우즈베키스탄(이주된 한국인, 고대사관련), 몽고와 터키(몽고리안 훈족이동), 베트남(파병, 신경제교류), 일본의 한인거주지역, 미국의 서부(L·A, 기타 한인거주지역) 등을 묶으면 환중국(環中國), 환태평양(環太平洋) 구조의 한류를 통한 한말글 전파에 따른 한글사용인구의 확장거점화가 가능하다. 이곳들에 세종학교, 한국문화센터 등을 건립하고 운영하되 전문문화인력(학자,

---

3) 정진홍 전 광주과학기술원 교수 : Culture Gngineering

외교관, 연예인, 기타)을 투입하고 재정을 집중투자하여 운영과 활동 (정기공연, 각종 이벤트, 기타 문화전파 행사 등)을 다변화하고 적극적으로 해야 한다. 우리는 해야 한다. 또 할 수 있다. K팝처럼 한말글과 한문화 꽃이 모든 기지에 활짝 피도록 해야 한다.

2. 한말글 연구의 새로운 접근, 사전 편찬

우선 한글의 창제부터 살펴본다. 한글의 「한」은 한나라(韓國), 한겨레(韓族), 크다, 하나다, 밝다, 바르다의 뜻으로 세종대왕의 애인민주사상으로 만들어진 글이다. 마침 요동에 귀양 온 명나라 언어학자 황찬(黃瓚)에게 열세 번이나 성삼문을 보내어 도움을 받았고 대왕도 과로하여 안질(眼疾)에 걸려 치료차 청주의 초정약수에 여러 번 거동하였다4)고 한다. 한글 창제=세종대왕, 창제의 결론으로 너무 빈약하다. 집현전 학사 운운 하나 불확실성이 제기된다. 대왕의 업적에 해여 흠결이 될까하여, 또는 명나라에 대한 사대사상으로, 또는 명나라에게 한글창제에 따른 밉보임이 두려워 반대상소를 올린 일부 학사들의 기록 등이 있을 뿐, 조선조 중기이후 학자들은 아예 창제에 대한 연구에는 접근하려 하지 않고 있었다. 아쉬운 일이다. 그러다가 안동의 긍구당(肯構堂光山金氏世煥의 號, 1640~1703)에서 1942년 7월에 후손 金應洙로부터 간송 전형필 선생이 넘겨받은 훈민정음 해례본 (1958, 국보 432호로 지정)에 따른 음운연구가 고작이었다. 다만 다행스럽게도 최근에 신상구 박사5)에 의한 「한글창제의 주역은 속리산 법주사의 복천암스님 영산김씨 守成 : 信眉6)(1403~1480)으로

---

4) 아마도 속리산의 복천암 스님 신미(信眉)를 만나기 위한 거동으로 추측된다.
5) 전 충청문화 역사연구소장, 국학박사
6) 집현전 학사 金守溫(문장가, 시호 문평, 1408~1481)의 兄, 사서삼경, 불경, 노장철학 범어에 능통, 충북 영동사람, 훈민정음 실용을 검증하고자 월인천강지곡, 석보상절, 용비어천가, 능엄경언해 등을 지었다.

서 세종대왕의 밀명을 받고 흥천사7), 대자암8) 등에서 비밀리에 만들었다.」라는 연구가 있다. 묻히고 숨겨진 인물들을 발굴하여 논공행상의 주체화로, 후세 학자들이 훈민정음 창제연구에 뛰어들도록 정책화하여 추진할 필요를 느낀다.

다음은 「한말글 다듬기」 및 「국어사전 편찬」 연구다. 언어는 늙지 않으면서 변화하고 성장하나다. 고대어, 근대어, 현대어 등 시대적으로…, 또 은어, 줄임말, 융합언어(fusion) 등 세대별로…. 언어는 生命力이 있기 때문이다. 따라서 한말글은 더욱, 계속해서 다듬어져야 하고, 이에 따라 국어사전도 늘어나는 어휘량으로 더욱 두꺼워져야 하며, 국제어, 세계어로서의 기능을 할 수 있도록 편찬돼야 한다. 우리말 사용의 현실을 보자. 외래어의 범람(빅딜, 굳이너프딜, 톱다운 등 정상회담 말고도…) 국어와 외래어의 혼용(내로남불—내가 하면 로맨스 남이하면 불륜(Big Deal, Good Enough Deal, Top down)). 공공기관 및 언론기관까지 무조건 멋으로 알고 쓰는 경우(가자—가즈아, 노력—노오력, 봄—보옴…) 영어처럼 줄여 말하기(U.S—United State, 이만갑—이제 만나러 갑니다…, 소확행—소소하지만 확실한 행복). 청소년들의 은어(욜로족—YOLD : You only live only 현재를 즐기는 사람들, 탕진잼—돈을 쓰는 재미), 제멋대로의 창작언어 등, 가히 상호소통이 어려워진 시대다.

언어는 상호간의 의사소통을 위한 약속 기호, 방법이다. 무조건 버릴 것이 아니라 가려서 다듬어 소통의 순기능을 할 수 있도록 연구해야 한다. 흡수 포용하여 이들을 국어사전 편찬에 반영해야 한다. 참고로 사례를 들어본다.

---

7) 태조비 신덕왕후 강씨 원찰정릉 소재
8) 경기 고양, 덕양구 대장동 대자산 소재 태종 四子 昭頂公의 廟宇, 임란 때 소
※장소 변경사유는 명나라에 대한 비밀유지로 보인다.

1) 순우리말같은 한자어(漢字語)

- 訓民正音-韓契-한글
- 鮒漁-붕어
- 烏賊魚-오징어
- 心보-심보
- 上頭-상투
- 地龍이-지렁이
- 何如間-하여간
- 抑鬱하다-억울하다

- 熟冷-숭늉
- 白魚-뱅어
- 於此彼-어차피
- 甚至於-심지어
- 白菜-배추
- 恰似-흡사
- 幸여나-행여나
- 如何튼-여하튼 등등

- 文魚-문어
- 秀魚-숭어
- 心術-심술
- 沈菜-김치
- 山行-사냥
- 或時-혹시

무수히 많다. 별도 연구로 더 많은 어휘를 발굴, 확보하여 국어사전에 흡수, 학술적 정보를 제공할 필요가 있다.

2) 줄임말의 포용

영어사전을 보면 줄임말이 많다. 국제연맹, 국제연합 등 국가간의 동맹, 또는 각종 조직체들의 증가로 단어복합을 줄여 머릿글자로만 표기하는 경향이 늘었기 때문이다. 예를 들면
WNW-West north West, WO-War Office,
WBA-World Boxing Association,
XC-Across Cocentry, XL-Ex tra Lange,
USA-United State of America 등등

이러한 흐름에 따른 듯 우리 청소년들의 '우리말을 줄여 어휘화하여 소통수단으로 하는 사례'가 폭증하고 있다. 몇 가지 예를 들면,

- 이만갑-이제 만나러 갑니다.
- 아궁이-아무거나 궁금해 하는 이들

- 김사모 — 김선생을 사랑하는 모임
- 노찾사 — 노래를 찾는 사람
- 개콘 — 개그콘서트
- 공열공 — 공무원 되려고 열심히 공부하는 사람
- 폼생폼사 — 폼으로 살고 폼 위해 죽는 사람
- 야자 — 야간 자율학습
- 정진남 — 정말 진실한 남자

등등 이루 헤아릴 수 없이 많다. 청소년들은 '영어는 되고 우리말은 왜 안되느냐'고 한다. 맞는 말이다. 의사전달에 무리가 없고 사용자가 많으면 우리말의 어휘로 자리잡게 될 것이다. 이러한 줄임 표현 언어들을 어원(語源) 부터 찾아 연구하고 다듬어 '한남충', '된장녀' 등처럼 천박하고 혐오적인 말들은 버리더라도 상용화, 통용화된 줄임말들은 외래어 등을 망라하여 '민중서관 편찬 국어사전' 등처럼 세계인 모두에게 보급시킬 필요를 느낀다.

III. 맺음말

언어는 살아있는 유기체다. 끊임없이 발전하며 성장하고 어휘는 늘어난다. 또 오늘날은 지구촌시대이다. 문화도, 경제도, 언어도, 심지어 음식까지도 융합, 통합흡수, 혼용되어 재생되고 소통된다. 가치 fusion시대. 따라서 우리의 언어정책도 '오직 한말글 전용'에서 '다함께 한말글 중용(重用)'으로 전환하되 1755년 존슨(S. Jhonson)에 의해 편찬된 영어사전 이후 급속한 영어의 발전 및 확산이 있었듯이 한말글을 더욱 연구하고 다듬고 어휘를 늘려 세계어(世界語)로서 손색이 없도록 「한말글사전」으로 편찬, 온누리에 두루 펼쳐야 할 것이다. 이 「한말글사전」이 한말글의 국제어화, 세계어화에 기본도구로 활용 될 수 있도록 한말글 세계어화 기지운영에 있어 정부는 물론 관련 학자, 관련 인사 등이 보다 적극적인 자세로 조직 운영, 재정투입 등에 진력(盡力)해야 할 것이다. 한말글의 세계어화(世界語化)는 반드시 이루어 내야 하고 또 우리는 그렇게 해낼 수 있다.

말씨는 사람됨의 드러냄이다

어떤 면접시험장에서 시험관이 다짜고짜 수험생의 뺨을 때리고 물었다. '얼마나 아픈가?', 당황한 수험생이 볼을 만지며 씨익 웃더니 같은 동작으로 시험관의 뺨을 더 세게 때리며 '그만큼 아픕니다'라고 대답했다. 물론 이 수험생은 합격했다.

'얼마나 아픈가?' '얼마나 맛있느냐?' '어느 만큼 슬프냐?' 등등의 적확(的確)한 표현은 말과 글만으로는 어렵다. 이것이 언어·문자의 한계다. 다만 전세계 20여 개의 문자와 3000여 민족의 언어 중 가장 우수하다고 자부(自負)하는 한말글은 꾸밈씨, 움직씨 등이 매우 발달하여 '발갛다<빨갛다<벌겋다, 발개지다<빨개지다<벌개지다' 등으로 어느 정도 융통성(融通性) 있는 표현은 가능하다. 일부 국민은 이러한 우리 말·글의 장점을 잘못 활용하여 올바른 한말글 애중용(愛重用)과는 거리가 먼 언어구사(驅使)의 사례가 비일비재(非一非再)하다. 몇 사례를 제시하여 이를 바로 잡고자 한다.

가. 줄여서 습관적으로 은어화(隱語化) 하기

무엇 때문에 그리들 급한가… 웬만하면 줄여서 하는 언어를 즐긴다.

청소년, 정치인, 전문인, 언론인, 심지어 신문과 TV프로방송에서까지 모두 한통속이다. 심지어 '공무원 월간 연금지'에서도 은퇴 공무원의 언어소외(疏外)를 염려하여 '힙한 단어장'란을 마련하여 제공하고 있겠는가… 몇 개만 예든다.

- 집콕-집에 콕 박혀 있다.
- 구취-구독취소(왜 입 냄새는 안되나?)
- 스불재-스스로 불러온 재앙
- 주불-주소 불러
- 졌잘싸-졌지만 잘 싸웠다
- 인만추-인위적 만남 추구, 처음 접하면 알아들을 수 있겠는가… 특히 청소년들은 이를 그들만의 은어(隱語), 비밀대화의 수단으로 활용하여 더욱 남용(濫用)의 폭을 넓히고 있다.
- 이 남자-20대 남자
- 이 여자-20대 여자
- 내로남불-내가 하면 로맨스 남이 하면 불륜 등

지도층, 정치권 등에서도 거리낌 없이 마구잡이로 줄임말이 통용되고 있다. 물론 외래어(영어)에도 고유명사들의 합성어로 UN, USA, WHO 등 줄여서 단어화한 사례는 많다. 그러나 I am a boy(나는 소년이다)-Iab(나소다)의 사례는 없다. 이제는 한말글의 생활에서 여유를 찾자. 때와 장소, 상황과 상대에 맞게 사용하여 우리 말·글의 위상(位相)을 높일 수 있도록 한말글을 예대(禮待)하자.

나. 영어의 남용(濫用)이 심각, 한자의 오용(誤用)

꼭 영어를 곁들여야 지성인 대우를 받는가…. 툭하면 오래어를 사용, 잘난체하는 사람들이 많다. 몇 사례만 제시한다. ○표 한대로 사용해도 무방하지 않을까…

- Green Sumer-자연+소비, ○ 친환경 소비자

- Summary Contents-요약내용 정리 전달, ○ 알맹이 알림
- Multipersona-다양한 가면성 인격체 ○ 팔색조 인간
- My Sider-가치관대로 행동자 ○ 유아독존 인간

  심지어 영어를 섞거나 변형하여 말 만들기(造語)를 하는 사례로 있다.
- Legend-Legeno, d를 o로 바꾸어 '전설, 최고영웅'을 '레전드'가 아닌 '레게노', 또는 한글로 'ㄹㄱㄴ'으로 표현한다. 모르면 따돌림도 시킨다.
- 무슨 일이고?-머신129. Machine129.
- 와 이라노-Whyrano
- MZ세대 밀레니엄과 Z(1980~2000출생자)-2030세대, 2·3십대
- 먹Go 놀Go, 가Za, 산은 높Go 땅은 넓Go.
- 섬愛鳥 가Go, 고향愛 가Go(高), 농촌GoGo, 성찰하자.

  성찰하자. 남이 나를 본디로 대접하지 않고 제편한대로 마구 대하면 좋겠는가…….

다. 문법무시, 주객전도(主客顚倒)를 멋으로 알다.

언어에서 나의 경험을 타인의 경험표현으로, 유행어의 습관적 사용이 자신의 멋으로 잘못 알고 구사하는 사례도 많다. 이를 예시해 보자.

1. 문법무시의 사례
   - 사과하고 싶다. 감사드리고 싶다-소극적 표현, 사과한다, 감사드린다.
   - 했지 않습니까-하지 않았습니까
   - 줄었지 않다-줄지 않았다.
   - 늦겠어서-늦을까봐
   - 경치 좋았어서-경치 좋아서
   - 했지 말입니다-했습니다
   - 약초 남획(濫獲)-약초 채취(採取): 낱말 선택 잘못
   - ㄹ변용의 경우
     우승할려면 하려면, 안뺏길려고 안뺏기려고 안될걸로 안될거로

2. 주객전도의 사례
- 같아요의 잘못 사용: 내 경험−남의 경험 표현 구별, 대상의 구별
- 먹어보니 맛이 어때요?−좋은 것 같아요× ○좋아요
- 맞아보니 아파요?−아픈 것 같아요× ○아파요(매우, 조금)
- 공 던진 투수에게 '잘 던졌는데요'−저만의 기법으로 던진 것 같아요× 던졌습니다○
- 약값이 얼마요? 만원이 되시겠습니다.× 만원입니다. ○ 경어대상 오류.

어찌 위 사례뿐이겠는가. 언어유희의 한말글 푸대접 행위는 지양(止揚)되어야 한다.

말씨(말투)[1]는 인격의 드러냄이다. 우리 국민의 언어 한말글 구사 행태는 부끄럽다. 속히 교정(矯正)돼야 한다. 인격 존중하듯 우리 말·글도 예대(禮待)되어 구사(驅使)돼야 한다. 언어 사용문화가 정화(淨化)돼야 한다. 이를 위해 상술한 바에 더하여 몇 가지를 제시한다.

1) 막말, 모함, 거짓(가짜 뉴스) 등은 입에 담지 말자.

지도층, 특히 정치인 등의 말투는 국민들을 실망시키고 있다. 자신만 지고(至高)의 존재인양 상대를 무시. 경멸하는 말투로 모욕을 줄 때 본인은 쾌감을 느꼈을지 모르나 상대는 오히려 말한 자의 인격을 평가하고 있음을 알아야겠다.

"이제 겨우 초선(初選)인 것들이……."
"너 죽을래!" "아사리판" "그것도 지휘랍시고…" "후레자식!" "××새끼야, ×이고 ××이고 ××야!"

어린이들이 무엇을 배우겠는가, 적어도 지도층은, 어른들은 오직 사실(fact)에 입각, 예의에 맞게, 상대방의 인격을 나와 동등하게 중시하며 언어생활에서 거짓, 모함성, 가짜뉴스, 경멸 등의 요소는

---

1) 말씨: 말투, 口氣, 口吻, 口跡, 주드라지.

완전히 배제(排除)하자. 그렇지 않을 경우 그 발언은 반드시 부메랑(Boomerang)이 되어 자신에게 돌아올 것이다. 나의 말투는 바로 나의 인격이다.

2) 자존심을 지키자. '말'의 주인은 바로 '나'다.

아부성(阿附性) 발언은 죽기 전에 하지 말자. 한말글이 아깝다. 청록파(靑鹿派) 시인2) 조지훈은 아첨(阿諂)을 ① 가련한 ② 가증스러운 ③ 가소로운 아첨으로 나누고 세 부류 모두 최하의 인격자로 정의하였다. 한자로는 유(諛), 첨(諂), 미열(媚悅)로 구분하였고 신하나 공인(公人)이 부득이 아첨하려면 상급자가 아닌, 백성: 국민에게 하라고 했다. 우리나라 형편이 지금 어떠한가······. 얼마 전 신문보도3)를 보니 한말글을 배워서는 안될 공인들이 있었다. '우주 미남' '우유빛깔··' '······' '······' 뱉어서는 안될 말에는 아예 한말글을 쓰지 말자. 이것이 세종대왕의 뜻이다.

3. 言行一致(언행일치) 知行合一(지행합일) 말한 것은 반드시 실천하자.

그런 각오래야 말을 함부로 못한다. 공자(孔子)가 말했다. "한자 4만 여자 중 오직 한 자(一字)만을 고르라면 그것은 성(誠)이다." 왜일까, '말했으면(言) 반드시 이루라(지켜라(成))이 아닌가··' 소위 지도자란 무리들을 보자, 말만 번지르르하게, 갖은 궤변(詭辯)을 일삼고, 심지어 통계, 정보까지 조작하여 국민을 속이려하고 발걸음 뗄 때마다 말을 바꾸는 자들이 한둘인가····· 그러니까 '내로남불' '아시타비(我是他非)란 말이 인구(人口)에 회자(膾炙)되고 있는 것 아닌가···.'

---

2) 청록파 시인: 1946년 공동시집 「靑鹿集」을 낸 조지훈, 박목월, 박두진을 이름.
3) 조선일보, 2021. 2. 9. 보도 및 만물상.

무릇 온국민은 나부터 성(誠)을 염두에 두고 한말글을 옳게 예대(禮待)하며 바른 애중용(愛重用)의 언어생활을 영위(營爲)할 일이다. 그래야 나라의 전도(前途)도 더 이상 어두워지지 않을 것이다.

내로남불

― 내가 하면 Romance, 남이 하면 불륜(不倫) ―

　요즈음 청소년도 아닌, 일부 사회지도층인사들의 언어구사 ― 말 줄여 쓰기, 말 만들어 쓰기 등과 이를 아무 여과없이 날것으로 보도하는 언론 등, 우리 언어생활의 미래가 암담하다. 특히 극소수 일부 인사들은 국민들의 정서와 시선은 아랑곳없이 스스로의 인기에 도취된 양, 자신만이 국가사회의 온갖 흐름을 주도하는 양…… 언어문화의 파괴주역으로 행세하고 있다. 이들의 일거수일투족(一擧手一投足)을 그들 말로 나타내면 '내로남불'이 될 것이다. '내가 하면 옳고 네가 하면 잘못'을 제멋대로 만든 말이다. 곁들여서 한때 인구(人口)에 회자(膾炙)됐던 '검수완박'도 그 해석이 즉시 귀에 와 닿지 않는다. 한자로 '檢搜完剝'으로 써야 지레짐작 '檢察搜査權完全剝奪'로 생각되어 해석이 가능하다. 한참을 풀어야 뜻을 알게 되는 단어다. 우리의 쉽고 편한 한말글 사용을 두고 왜 이런 줄임말 단어가 등장해야 하는가…… 국가사회의 언어문화창달을 걱정하는 사람(君子)이라면 이런 언어사용을 자제하고, 순수한 마음으로 '나-너-우리'의 한 '동아리 감정'으로 쉽고 때묻지 않은 한말글 사랑생활로 하루 빨리 되돌아 가야하겠다.

　사족(蛇足)으로 공자의 말씀 한마디 ― 언어생활 통합을 위하여 더

한다. 子曰「君子 和而不同, 小人 同而不和」, "군자는 뇌동하지 않고 정의를 존중하며 대인관계에 있어 개성과 주관을 살려 가면서 잘 조화를 이루고, 소인은 주관도 없이 이득에 따라 뇌동하여 덩달아 움직이므로 여러 사람과 고루 어울리지 못한다" 논어 자로(子路)편.

얼핏 내가 쓴 글도 '내로남불'이 될까봐 심히 조심스럽고 두렵다.

요즈음 강경(江景)의 '우여·위어' 회?

I. • 순우리말 표준어는 '웅어'(어류명사, Coilia Ectenes, 鱭)
　• 멸치(鱴魚 잔어)과, 몸길이 30cm, 칼모양, 은백색에 배만 황색
　• 민물＋바닷물의 합류지점에 서식. 봄, 여름에 물풀 또는 갈대(葦) 숲에 알을 낳음, 그래서 葦魚라고도 함.

　※ 葦 : 갈대 위 ┬─ 어린 갈대 葭(가)
　　　　　　　　 ├─ 성장한 갈대 蘆(노)　｝詩語로 活用.
　　　　　　　　 └─ 성숙한 갈대 葦(위)

II. • 또 다른 이름? (書刃1)1)表記)
　• 魛魚(도어: 칼모양).
　• 鮆魚(제어: 민물 갈치), 鱭魚(제어, 웅어제).
　• 鮤魚 또는 鯯魚 (열어, 웅어 열)
　• 鱴魚(멸어: 민물 큰 멸치, 웅어 멸)

---

1) 고조선 때부터 우리민족이 사용해오던 東方文字. ―조선족의 상형문자.

⦁ 學而時習之 不亦說乎(論語學而)
"배우고 때로 익히면 또한 기쁘지 아니한가!"

※ '웅어'의 어류명사가 많은 이유? 서해안의 여러 곳에서 서식, 지방마다 달리 명사화(名詞化)했기 때문으로 짐작됨.

※ 鮆 = 鱭 = 魟 (同字)

한국어(韓國語) 소고(小考)

Ⅰ. 훈민정음(訓民正音)은 발음기호다.

'1997년, 유네스코에 등재된 '훈민정음 해례본'은 정음(正音)이 소리글, 발음기호임을 밝히고 있다. 주시경(1876~1914. 한힌샘, 배재학당, 독립신문, …)은 우리 동이족(東夷族)의 글-서글(書㐿, 眞書, 神篆)을 동방문자(東方文字)가 아닌 중국의 한자(漢字)로 인식, 구분하기 위한 억지 작명(作名)으로 '한글(韓㐿)[1]'이라 한 것이다. 1926년부터 사용돼온 '가갸날' '한글날'은 세종대왕의 어제(御製)대로 환원시켜 '훈민정음의 날' 또는 '정음날'로 하여 고유명사의 절대가치를 지켜야 한다.   -우리 원형 연구소장 정우제-

위 훈민정음해례본은 경북 안동의 광산김씨 궁구당(肯構; 書經의 大誥편에 나오는 말로 조상들이 이루어 놓은 업적을 길이길이 이어 받는다는 뜻. 유일재공 김언기-1520~1588-의 4세손 世煥-1640~1703-의 號)의 종손 응수(應洙)가 전형필(全鎣弼, 澗松, 1906~1962)에게

---

[1] 한글(韓㐿) : 창제자인 王이 作名한 고유명사를 약관(30세 후반)의 주시경이 改稱한 것은 재고의 여지가 있다. 韓㐿=한글? 억지다.

거액2)으로 1942년에 물려준 것(건국대 박종덕 교수, 한국어학회 발표)으로 국보 70호다. 세종의 애민정신이 반영돼 있으며 당시 중앙(궁궐, 사대부)인들은 서글(書訖)로 상통(相通)하되 일반백성은 그러지 못하여 서글의 상하측에 발음기호를 달아주기 위해 창조함이 머리글이다.

-위 정우제-

 문자(文字)는 사상표현의 공구(工具)인 언어를 볼 수 있게 유형화(有形化)함으로서 ① 영구 보존, ② 정확성 유지, ③ 종이, 책, 기타에 다량의 정보를 수록 저장하기 위한 수단으로 발전한 것이며, 그 시원을 5000~6000년 전으로 보고 있다. 둘로 분류되는데 ① 표의문자(表意文字, Ideography), ② 표음문자(表音文字, Phono Graph)이다. 표의문자는 상형문자, 표어문자로 나뉘는데 위의 동방문자는 갑골문의 상형-대륙과 그 주변국가들의 공통문자-한국어화; 書訖, 中國의 自國: 漢語化3); 漢字, 기타 몽골, 월남, 서융 등의 國語化로 유추되며 표음문자는 ① 음절문자-하나가 한음절, 일본의 '가나', 글안문자, 샘문자 등이며 ② 단음절문자는 자음과 모음으로 나뉘어 활용성, 과학성이 뛰어난 훈민정음, 그리이스어, 로마자가 이에 속한다. 이들 문자 중 가장 뛰어난 훈민정음의 창제에는 여러 학설이 있다. 우선 환단고기에 언급된 '가림토문자 참조설'인데 - 김세환 훈민정음 연구가의 주장을 살펴보면 '고조선 제3세 단군가륵(嘉勒, BC 2181)이 을보륵(乙普勒)에 명하여 정음(正音) 38字를 만들게 하였다. 이미

---

2) 기와집 10채 값이란 후문이 있으며 간송은 문화재 매입에 있어서는 상대의 요구를 100% 들어준 것으로 전해진다. 중앙(궁궐, 사대부)=中國
3) 본래 동이족의 書訖은 東方文字로, 당시의 대륙공용문자였으나 漢代에 스스로 우월주의, 중화주의 등으로 자기 나라 문자화하고 漢字라 하였으며 주변국은 모두 오랑캐로 치부, ① 東夷, ② 西戎, ③ 南越, ④ 北狄이라 업신여겼다.

BC 3897년 환웅 때 문어체 서글(表意·書契)이 있었으나 구어체 정음(口語體 소리글)이 없어 몇 리만 떨어져도 의사전달이 불가능하였기 때문이다.' '환웅시대 신지현덕이 사슴발자국을 보고 문자화(태고문자: 鹿圖文字) 하였고…가림토문자(加臨土 또는 加臨多文字)의 원조가 되었다.' 등으로 훈민정음 서문과 일맥상통된다. 또 가림토와 훈민정음을 비교해봐도 가림토 38자와 훈민정음 28자 중 23자가 같다. 이를 표기하면 아래와 같다.

〈표 1〉

가림토	·	l	ㅡ	ㅏ	ㅓ	ㅗ	ㅜ	ㅑ	ㅕ	ㅛ	ㅠ	X	ㅋ	ㅇ	ㄱ	ㄴ	ㅁ	ㄴ	ㅅ	ㅈ	ㅊ	ᅀ
훈민정음	·	l	ㅡ	ㅏ	ㅓ	ㅗ	ㅜ	ㅑ	ㅕ	ㅛ	ㅠ			ㅇ	ㄱ		ㅁ	ㄴ	ㅅ	ㅈ	ㅊ	

가림토	ᅀ	ㆆ	ㅅ	M	ᄝ	ㄹ	ㅂ	ㅸ	ㅎ	ㅊ	ㅅ	ㄱ	ㅗ	ㅍ	ㅛ						38
훈민정음		ㆆ	ㅅ			ㄹ						ㅋ		ㅍ		ㄷ	ㅌ	ㅂ	ㅎ	ㅇ	28

그러나 현재 史學界에서는 환단고기를 정사로, 학문적으로 신뢰하지 않고 있어 연구대상 일 뿐이다.

다음으로 신상구 박사(충청문화역사연구소장, 문학박사)의 훈민정음 창제의 숨은 주역 신미(信眉) 스님설4)이다. 당시 조선은 유명조선(有明朝鮮)으로 명을 황제국으로 받들었고 서글(明은 漢字를 自己들 文字化)을 공용하면서 스스로의 문자창제는 어려운 난제임은 물론 집현전 중심의 주자학자들의 맹렬한 반대 등은 일종의 모험이었을 것이다. 철저한 비밀유지와 신뢰가 우선돼야 했기에 주로 왕가(王家), 왕자와 공주들이 주역으로 참여할 수밖에 없었으며 은밀한 협조자가

---

4) 영산김씨로 속명은 아래 언급의 金守省. 집현전 학자 출신, 세종과 서울 흥천사, 고양의 대자암, 속리산 복천암에서 훈민정음창제를 도왔다.(묵점 기세춘 주장). 반포이전에 법화경, 지장경, 반야심경에 토를 달아 시험하였다.

필요했을 것이다. 그가 바로 김수성(金守省, 1403~1479)이었다. 불경과 범어, 산스크리스트어 등에 능통하여 천지인(天·地一人ㅣ) 삼재(三才)와 혀, 목구멍, 입술 등의 모양 연구, 가림토 문자, 티벹자, 몽고파스타, 28수천문, 33천 등을 참고, 소리글 28자를 구안(법주사 복천암에서) 하였다. 3년간 그 쓰임을 실험하기 위해 월인천강지곡(세종어지 108자), 석보상절(1권이 108면) 등을 발간하였다. 훈민정음의 짜임새 역시 28자(하늘의 28宿, 사찰의 아침타종 28회), 33장(사찰 저녁타종 33회, 불교의 우주관 33天)인 것이 불교를 떠난 우연이었을까 -이후로도 훈민정음을 불경번역에 두루 활용하였으며 세조(世祖, 1417~1468)때에 절정을 이루었다.

여하튼 훈민정음의 창제·반포외의 창제과정, 참여 인물, 주변의 일화 등은 아직도 정확히 고찰되지 않고 있다. 국어국문학의 숙제요 과업이다.

Ⅱ. 한국어사전(韓國語辭典)의 짜임새

무릇 어느 나라든 자기나라의 말과 글을 체계적, 논리적으로 정리하여 묶어 놓은 책자가 있다. 사전(辭典)이다. 우리나라는 한국어(韓國語 또는 國語) 사전이다. '훈민정음=한글'이라면 사전이 만들어질까? ① 서글(書訖)=한국의 글자, 韓字, ② 한국의 말=한말, 한국어=한말글, 한말글 사전? 書訖과 訓民正晉의 한국어 사전 짜임새를 살펴보자.

① 국어(② 國語); 나랏말, 한나라의 ③ 정치적 공용어, 우리나라 말인 한국어…

①은 발음표기(훈민정음), ②는 '韓國語化된 서글(書訖)', ③은

훈민정음 활용의 해설, 해석, 뜻풀이로 되어 있다. ②는 한자어(漢字語; 중국어화된 書㓞, 中國語)로 읽으면 아래와 같다. 國; Kuo²(구어 四声中2) 語: Kü⁴<꺼>, 몇 자 더 예들어 본다. 加; chia¹, 家: chia¹, 甲: chia³;⁴(四声-1. 上平声, 2. 下平声, 3. 上声, 4. 去声…) 우리의 서글과는 발음, 그것도 4성(声)까지 다르다. 서글(書㓞: 한국어화된 東方文字)과 漢字(中國語化된 東方文字)는 완전히 다른 것이다. 書㓞=韓字=우리말이 된 東方文字.

또 한글전용(專用)으로 할 경우(사실은 훈민정음≠한글) 같은 발음, 다른 뜻(同音異意)의 단어처리가 무리다. 아래에 현재 국어사전의 복사본으로 예들어 본다. 우리말화된 서글을 국어, 한국어로 개념화5)(概念化)해야 하는 이유다.(書㓞=韓字=漢字)

예 **민중서관** : 사전만들기 60년 새로 나온 국어사전, p.70~71.

① 각 면마다 46~50여 개 단어 90% 이상이 서글(書㓞)이다.
② 70쪽의 경우 ・'감사'는 8개가 <u>동음이의</u>, △'감산'은 3개, ○'감상'은 5개 등이다.
　71쪽의 경우 a'감세'는 2개가 同音異義, b'감수'는 14개, c'감시'는 4개 등이다. <u>주시경</u>이 훈민정음(訓民正音)을 한글(韓㓞)로 개칭(改稱)한 후, 한글전용(한글 專用)의 사전편찬이 가능한 일인가 -위 예시된 사전의 복사본을 첨부한다.

---

5) 일반화, 보편화, 漢字單語가 아닌 韓字單語(韓國語).

해당하는 죄인을 죽이지 않고 지정한 곳으로 귀양을 보냄.
- 감:사⁸(感謝)〖명〗하짜타〖형〗예변〗 ① 고마움. gratitude ② 고맙다고 생각하는 느낌. 고맙게 여김. 고맙게 여김. appreciation ¶ 부모에 대한~. ③ 고마움을 나타내는 사례. 또는 고마운 마음으로 사례함. thanksgiving
  - 감:사 만(感謝萬)(-萬萬)〖명〗하짜형〗 감사한 마음이 이루 헤아릴 수 없을 정도임. 그지없이 감사함. 감사 무지(感謝無地). very grateful
  - 감:사 무지(感謝無地)〖명〗하형〗예변〗=감사 만만.
  - 감:사 천만(感謝千萬)(-千萬)〖명〗하형〗예변〗=감사 만만.
- 감사⁹(監史)〖명〗 고려 때, 소부시(小府寺)·군기시(軍器寺)에 속하였던 관원.
- 감사¹⁰(監司)〖명〗고제〗 예전에 우리 나라의 행정 구역이 팔도(八道)였을 때 관찰사를 달리 일컫던 말. 지금의 도지사격임. ⇨관찰사. 감사 덕분에 비장(裨將)〖속〗 남의 덕분에 호강한다는 뜻.
- 감사¹¹(監寺)〖명〗불교〗 선종(禪宗)에서 절의 사무를 도맡아 보는 사람. 감주(監主).
- 감사¹²(監事)〖명〗 ①공동 단체의 서무(庶務)를 맡아 보는 직책. 또는 그 직책을 맡은 사람. ②민법상, 법인(法人)의 감독 기관으로서 재산 상황이나 업무 집행 상태를 감사(監査)하는 임의(任意) 기관. 또는 그 직책을 맡은 사람. 상법상으로는, 주식 회사의 회계 감사를 직무로 하는 상설 기관이나 유한 회사의 회계 및 업무 감사를 직무로 하는 임의 기관. 또는 그 직책을 맡은 사람. ①②an auditor ③불교〗 삼직(三職)의 하나. 감주(監務)와 주지(住持)를 보좌하고 절의 재산을 맡아 보는 숭직(僧職). ④고제〗 조선 때 정일품의 춘추관 벼슬.
- 감사¹³(監査)〖명〗하짜타〗예변〗 감독하고 검사함. inspection ¶ 국정~/회계~.
  감사 기관(-機關)〖명〗법률〗 행정법상 행정 기관의 사무 집행을 감독·검사하며 그 비위(非違)를 적발·시정하는 것을 임무로 하는 국가 기관. 감사원 등. ②사법상(私法上), 법인의 재산 상황과 업무 집행에 관하여, 감독 또는 검사를 하는 기관. 감사(監事) 따위.
- 감사¹⁴(瞰射)〖명〗하짜타〗예변〗 높은 위치에서 내려다보고 활이나 총포 따위를 쏨.
- 감사¹⁵(鑑査)〖명〗하짜타〗예변〗 잘 조사하여 적부(適否)·우열(優劣) 등을 분별함(감별함).
  감사-관¹(監査官)〖명〗법률〗 ①행정직 국가 공무원 관명의 하나. 부감사관의 위. ②대부분의 행정 각부 차관(次官)의 보조 기관·소속 기관·산하 단체에 대한 감사와 진정·비위 사항의 조사·처리 등의 사항에 관하여 차관을 보좌함.
  감사-관²(鑑査官)〖명〗 물품을 감정(鑑定)·검사하는 관리. an inspector
- 감:-사납다〖형〗버변〗 ①억세어서 휘어잡기 힘들고 사납다. (be) tough ¶ 감사납게 생긴 몸. ② 바탕이 거칠어서 일하기 힘들고 험하다. coarse ¶ 감사나운 밭/감사나운 웃음.
- 감:사심(敢死心)〖명〗 조금도 두려워하지 않고 대담하게 죽을 것을 각오한 마음.
  감사-역(監査役)〖명〗 '감사(監事)'의 구용어.
  감사-원¹(監査院)〖명〗법률〗 국가의 세입·세출의 결산 및 회계 감사, 행정 기관과 공무원의 직무에 관한 감찰 사항을 관장하는 대통령에 직속된 헌법 기관의 하나. the Board of Audit and Inspection
  감사-원²(監査員)〖명〗 감사의 임무를 맡은 사람.
- 감:사일(感謝日)〖명〗기독〗 무슨 일에 관하여 하느님의 은혜에 대한 감사를 드리는 날. 날짜는 나라마다 일정하지 않음. thanks-giving day ② ⇨ 추수 감사일.
- 감:사장(感謝狀)[-짱]〖명〗 칭송과 감사의 뜻을 나타낸 글장. a letter of thanks
- 감:사절(感謝節)〖명〗기독〗 ⇨ 추수 감사절.

- 감:사지-졸(敢死之卒)〖명〗 죽기를 두려워하지 않는 용감한 병사.
- 감:사패(感謝牌)〖명〗 감사한다는 뜻을 나타낸 글을 적어 주는 패.
- 감:삭(減削)〖명〗하짜타〗예변〗=삭감(削減).
△ 감산¹(甘酸)〖명〗 ①맛의 닮과 심. sweet and sour ②재미스러움과 고통스러움. 즐거움과 괴로움. pleasure and pain
△ 감:산²(減産)〖명〗하짜타〗예변〗 ①덜 남. 생산의 감소. decreased production ↔ 증산(增産). ②자산이 줄어듦.
△ 감:산³(減算)〖명〗하짜타〗예변〗수학〗 감법으로 계산함. subtraction ⓒ 감⁵(減). ↔ 가산(加算).
○ 감:상¹(感想)〖명〗 마음속에 느끼어 일어나는 생각. one's feeling ⇨ 감회¹(感懷). 소감¹(所感).
○ 감:상²(感傷)〖명〗 ①어떤 일이나 현상을 슬퍼하는 느끼어 마음이 아픔. sentimentality ②감정이 자극되기 쉬운 심적 경향.
○ 감:상³(感賞)〖명〗하짜타〗예변〗 ①마음에 깊이 느끼어 칭찬함. appreciation ②공을 칭찬하여 주는 포상(褒賞).
○ 감:상⁴(監床)〖명〗하짜타〗예변〗 점잖은 자리에 내놓기 위하여 차린 음식상을 검사하여 봄.
○ 감:상⁵(鑑賞)〖명〗하짜타〗예변〗 예술 작품을 음미하고 이해하여 즐김. 상감(賞鑑). appreciation
  감상 비:평(-批評)〖명〗 감상을 한 예술 작품의 비평. appreciative criticism
- 감:상-록(感想錄)〖명〗 어떤 사물이나 현상에 대해 느낀 생각을 적은 기록. 또는 그런 것을 기록한 책. a record of impression
- 감:상-문(感想文)〖명〗문학〗 어떤 사물이나 현상을 보거나 겪고서 느낀 생각을 적은 글. 감상을 쓴 글월. ↔ 의론문(議論文).
- 감:상-벽(感傷癖)〖명〗 사소한 일에도 이내 감상적인 마음이 되는 성벽(性癖).
  감상-안(鑑賞眼)〖명〗 예술 작품 따위를 감상하는 안목. an artist's eye
- 감:상-적(感傷的)〖명〗관형〗 대수롭지 않은 일에도 쉽게 감동하고 지나치게 슬퍼하는 [것]. sentimental
- 감:상-주의(感傷主義)〖명〗문학〗=센티멘털리즘(sentimentalism).
  감색¹(紺色)〖명〗 검은빛을 띤 남빛. 반물. dark blue × 곤색.
- 감:색²(減色)〖명〗하짜〗예변〗 빛이 바램. 빛이 변함. shade
  감색³(監色)〖명〗하짜타〗예변〗 ①=간색¹(看色). ②고제〗 감관(監官)과 색리(色吏).
- 감:-색성(感色性)〖명〗 사진 건판(乾板)·필름이 여러 가지의 빛깔에 감광(感光)하는 성질. sensitiveness
- 감:생(減生)〖명〗하짜타〗예변〗 덜어서 줄임. × 감소.
- 감:선¹(減膳)〖명〗하짜타〗예변〗고제〗 나라에 변고가 있을 때, 임금이 친히 근신하는 뜻에서, 수라상의 음식 가짓수를 줄임.
- 감:선 철악(-撤樂)〖명〗고제〗 나라에 변고가 있을 때, 임금이 친히 감선하고 음악과 가무를 금함.
  감선²(監膳)〖명〗하짜타〗예변〗고제〗 임금에게 드릴 수라상(水剌床)의 음식과 기구들을 미리 검사함.
- 감:성(感性)〖명〗 ①자극 또는 자극의 변화에 대하여 감각 지각이 일어나는 능력. 감수성(感受性). ② 철학〗 (독) Sinnlichkeit 오성(悟性)과 함께 지식(知識)을 구성하는 독립적인 표상(表象) 능력. 대상으로부터 촉발(觸發)되어 대상을 얻게 되는 수동적인 능력. sensitivity ↔ 오성(悟性).
- 감:성-계(感性界)〖명〗철학〗 (독) Sinnenwelt 감성적 지각을 통하여 얻어지는 사물의 총칭. 감각계. 감관계. the material world ↔ 가상계(可想界).
- 감성-돔〖명〗어류〗 (Acanthopagrus schlegelii) 감성돔과에 속하는 바닷물고기. 몸길이 40cm 가량. 몸은 타원

형에 주둥이가 뾰족하고 아가미 뚜껑에 작은 톱니가 있으며, 등쪽이 솟아 있음. 몸빛은 검은 회색이며, 내만성 물고기로 얕은 바다에 삶. 우리 나라 일본·중국 해역에 분포함. 식용하는데 여름철에 맛이 좋음. 먹도미.

감:성-론(感性論) 몡 〈〈독〉 Ästhetik〉 감성의 인식에 있어서의 역할 타당성을 논하는 인식론의 한 분야. (an) esthetics

감:성-적(感性的) 괸몡 ① 감성이 작용하는 〔것〕 ② 특히 감성이 예민한 〔것〕. sensitiveness

a 감:세¹(減稅) 몡 하자 예쁜 몡뤨 조세의 액수를 줄이거나 세율(稅率)을 낮춤. 감조(減租). tax reduction ↔ 증세(增稅).

감:세 국채(-國債) 몡 경제 감세의 특전이 있는 국채.

감:세²(減勢) 몡 하자 예쁜 권세(權勢)·풍세(風勢)·기세 따위의 세력이 줄어지거나 병세(病勢)가 덜어짐. ↔ 증세(增勢).

감:소(減少) 몡 하자타 예쁜 ① 줄어서 적어짐. decrease ② 덜어서 적게 함. reduction ↔ 증가(增加).

감:소-량(減少量) 몡 감소된 분량. ↔ 증가량(增加量).

감:소 함:수(-函數)〔-쑤〕 몡 수학 독립 변수(變數)의 값이 증가할 때 이에 대응하는 함수의 값이 감소하는 함수. 어떤 때는 함수의 값이 증가하지 아니하는 함수를 일컬을 때도 있음. 양자를 구별하여 전자를 협의(狹義)의 감소 함수, 후자를 광의(廣義)의 감소 함수라 함. ↔ 증가 함수.

감:속(減速) 몡 하자타 예쁜 몡뤨 ① 속도가 줄어 짐. ② 속도를 줄임. ①②abatement of speed ↔ 가속(加速). 증속(增速).

감:속 운-동(-運動) 몡 몡뤨 시간이 갈수록 속도가 점점 줄어지는 운동. deceleration ② 감속동(減速動). ↔ 가속 운동(加速運動).

감:속 장치(-裝置) 몡 기계 기구나 기계의 속도를 작게 하기 위한 장치. 유체(流體) 감속 장치·마찰 감속 장치·톱니바퀴 감속 장치 등이 있음. reduction gear

감:속 톱니바퀴 몡 기계 감속 장치에 사용되는 톱니바퀴. 고속 회전의 주동축(主動軸)에 지름이 작은 톱니바퀴를, 저속 회전의 종동축(從動軸)에 지름이 큰 톱니바퀴를 서로 물리게 하여 톱니수에 의해서 감속(減速)시킴.

감:속-동(減速動) 몡 몡뤨 ⇒ 감속 운동.

감:속-재(減速材) 몡 원자로를 구성하는 요소의 하나. 핵분열에 의하여 발생하는 약 3만km/sec의 속도를 가진 중성자를 200m/sec 정도까지 감속할 재료. 물·흑연·중수(重水) 따위. 감속체. 완속 물질(緩速物質). 완속재. moderator

감:속-체(減速體) 몡 =감속재.

감:손(減損) 몡 하자타 예쁜 ① 줄어듦. 또는 줄임. 손감(損減). ② 몡뤨 원자로 운전 중에 생기는 연료 집합체 또는 연료 혼합물 중의 핵분열 원자의 양(量)의 감소. depletion

감:쇄(減殺) 몡 하자타 예쁜 ① 덜리어 없어지거나 덜어서 없애 버림. ② 몡뤨 유류분 권리자(遺留分權利者)가 유류분을 침해한 증여(贈與)나 유증(遺贈)이 행하여졌을 때에, 유류분의 범위 내에서 이미 급부(給付)한 재산의 반환을 청구하고 아직 급부하지 아니한 재산에 대한 청구를 거부하는 일.

감:쇠(減衰) 몡 하자타 예쁜 ① 기운이나 세력 따위가 줄어서 약해짐. decrement ② 몡뤨 진동 운동 중에서 에너지가 흩어져 운동의 감소가 나타나는 일. ③ 〔공업〕 벽이나 천장에 흡음재(吸音材)를 써서, 방안의 반향음(反響音)을 약화시키거나 제거하는 일.

감:쇠 전도(-傳導) 몡 몡뤨 평활근(平滑筋)이나 무척추 동물의 근육의 한 끝에 자극을 가할 때에 자극부에서 멀어질수록 흥분이 감소되어 전달되는 일.

감:쇠 진-동(-振動) 몡 몡뤨 진동체(振動體)에 저항력이 작용하여 시간이 갈수록 진폭(振幅)이 차차 줄어가는 진동. damped oscillation

감:쇠기(減衰器) 몡 전기 전압이나 전류를 일정한 비(比)만큼 작게 하는 측정용(測定用) 장치. 저항(抵抗) 감쇠기와 고주파용(高周波用) 리액턴스 감쇠기가 있음. an attenuator

b 감수¹(甘水) 몡 단물. 먹는 물. sweet water

b 감수²(甘受) 몡 하자 예쁜 ① 불만 없이 달게 받음. submission ② 주어진 것을 어쩔 수 없는 일이라 생각하고 받아들임.

b 감수³(甘遂) 몡 ① 식물 (Calarhoeus sieboldianus) 대극과에 속하는 다년초. 키는 30cm 가량으로 홍자색을 띠고 자르면 흰빛의 유즙(乳汁)이 나옴. 6~7월에 녹황색의 꽃이 핌. 열매는 삭과임. 산이나 들에 나는데, 뿌리는 독이 있음. 개감수. ② 한의 뿌리. 성질이 차고 극렬한데, 외과(外科)의 약재로 쓰임.

b 감수⁴(淦水) 몡 배 밑바닥에 괴는 물.

감수 펌프(-pump) 몡 감수를 배 밖으로 뽑아 내는 펌프.

b 감수⁵(勘收) 몡 하자 예쁜 신문하여 압수함. confiscation

b 감수⁶(減水) 몡 하자 예쁜 물의 양이 줄어듦. the receding of water ↔ 증수(增水).

b 감수⁷(減收) 몡 하자 예쁜 수입이나 수확이 줄어짐. decrease in income ↔ 증수(增收).

b 감수⁸(甘睡) 몡 달게 잠. 단잠. a sweet sleep

b 감수⁹(減數) 몡 하자 예쁜 수학 ① 뺄셈에서 장차 빼려는 수. 5-2=3에서 2가 감수〔뺄 수〕임. a subtrahend ② 수를 줄임. 수를 뺌. 수가 줄어듦.

감:수 분열(-分裂) 몡 생물 생식 세포가 성숙할 때만 일어나는 특수한 세포 분열의 양식. 분열된 뒤에 염색체의 수(數)가 반으로 줄어듦.

b 감:수¹⁰(減壽) 몡 하자 예쁜 몹시 놀라거나 고생하여 수명이 줄어듦. ¶ 10년 ~. shortening one's life

b 감:수¹¹(感受) 몡 하자 예쁜 ① 외부의 자극을 받아들임. reception ② 심리 외부의 자극이나 인상을 감각 신경에 의해서 받아들임. reception of impressions

b 감수¹²(感崇) 몡 ① 고뿔의 빌미. ② 어떤 사물의 원인 또는 까닭. a reason

b 감수¹³(監守) 몡 하자 예쁜 감독하고 지킴. 또는 그런 일을 맡은 사람.

b 감:수¹⁴(監修) 몡 하자 예쁜 저술이나 편집 등에 관한 일을 지도·감독함. editonal supervision

감:-수성(感受性)〔-썽〕 몡 ① 자극이나 느낌을 받는 성질. 또는 그런 능력. sensibility ② 생물 생물체가 환경의 자극에 외부에서의 감각 및 반응을 받을 수 있는 성질. 수용성(受容性). 감성(感性).

감숭-감숭 몡 하자 예쁜 드물게 난 짧은 털 같은 것이 가무스름한 모양. dotted sparsely <검숭검숭.

감숭-하다 몡 예쁜 드물게 난 짧은 털 같은 것이 가무스름하다. sparse and dark <검숭하다.

c 감시¹(甘柿) 몡 =단감.

c 감시²(監視) 몡 하자 예쁜 단속하기 위해 미리 주의하여 지켜 봄. 독시(督視). 인스펙트(inspect). watch

c 감시³(監試) 몡 고제 ① ⇒ 국자감시(國子監試). ② 조선 때 생원(生員)과 진사(進士)를 뽑던 과거. 사마시(司馬詩). 소과(小科).

c 감시⁴(瞰視) 몡 하자 예쁜 높은 데서 내려다봄. 부감(俯瞰). bird's-eye view

감시-관(監試官) 몡 고제 과장(科場)을 감독하던 벼슬.

감시-대(監視臺) 몡 일정한 장소에 감시하기 위하여 만든 망대. an observation post

감시-병(監視兵) 몡 감시하는 임무를 맡은 병사. a guard

이와 같이 한국어사전의 짜임새, 중국어(漢字)와 한글(韓㓞, 書㓞)이 각각의 제나라 말이라는 점 등으로 보아 '한글전용이'라는 움츠러드는 정책은 폐기돼야 할 것이다. 더구나 현대는 세계화, 국제화시대가 아닌가-.

Ⅲ. 한국어의 세계화를 위한 정책전환의 필요

전술한 바 '말'이 생기고 글(文字)이 뒤를 이었다. 세계적으로 언어가 6,000여 개, 문자가 250여 개였으나 언어는 점점 수가 증가하는 반면, 문자는 약 40여 개만 생존해 있다. 왜 그럴까? 지구인들의 생활이 세계화, 국제화 돼 가고 있기 때문이다.6) 문자는 과학성, 창의성, 편의성이 부족하면 타국언어에 흡수돼가는 특성이 있다. 그러면 한국어(書㓞과 訓民正音)는 어떤가-중국어를 제치고 세계 7위(영어, 스페인어, 프랑스어, 독일어, 일본어, 이탈리아어, 한국어, 조선일보 2023.1.19., CNN보도)이며 세계인들이 13위로 많이 사용하고 있다. 현추세(K-P, K-F, F-C, BTS 등등 영향)로 보아 그 위상이 더욱 향상될 것으로 본다. 한국어를 제2외국어로 교육시키는 나라가 24개국, 882개교나 된다. 문화수출의 일환으로 폭넓게 훈민정음을 수출(예: 동티모르 등)하는 등 우리의 어문정책을 과감히 국제화, 세계화 할 필요성이 대두된다. 참고로 과거의 정책을 살펴본다.

① 1950.5.　　　　　; 국어·한자 혼용.
② 1958.1.~1963.7. ; 한글 전용 정책 홍보, 호응 없음.
③ 1964.　　　　　 ; 교과서 국·한 혼용 결정.
④ 1965.2.　　　　 ; 필요시 ( )안에 한자 표기, 병기.

---

6) 과학발달, 생활양식의 변천 등으로 새로운 언어, 문자의 필연적인 창조, 출현 현상 발생 등.

⑤ 1968.5.~1972.   ; 박대통령 한글 전용 정책 공포, 1970.1. 단행
⑥ 1972.9.   ; 한글 전용 보완, 한문 교과서 부활.
⑦ 1974.   ; 한자 병용 수용.
⑧ 1975.3.   ; 한자 (　)안에 병기 실시.
⑨ 1999.1.   ; 문화관광부 한자 병용 정책 발표.

 얼마나 오락가락인가-이유는 간단하다. 동방문자→서글(書㐅)의 한국어화; 중국은 동방문자를 중국어(漢字)화→한국어 사전의 한자(書㐅)단어는 한국어(중국한자×)의 '개념이해착오'7)에서 초래된 혼란이다. 정신차려야 한다. 자칫 훈민정음을 한글로 고집하고 사전의 書㐅을 漢字로 이해하는 상황이 계속되면 중국은 '유명조선(有明朝鮮)'을 빌미로-문화동북공정의 일환으로, 북한은 그들의 국호 '조선'을 앞세워 훈민정음을 유네스코 인류문화유산에 등록 신청, 각각 자기나라의 창제로 둔갑시킬 환란이 초래될 수도 있는 것이다. 차제에 '한글날'은 '훈민정음의 날'로 조속히 환원하고 한국어사전 수록의 모든 서글단어는 한국어로 개념화하는 등의 시급한 정책전환이 요구되는 것이다.

 '한글전용'을 '한국어 애용·중용'으로 정책전환하여, 어문학자들이 일심동체로 연구개발, '11,000여의 발음과 51만 단어 이상이 수록된 세계제일의 한국어사전을 편찬, 자랑'해야 한다. 그리하여 애용·중용(愛用·重用)이 생활화되면 요즈음 범람하고 있는 외래어(外來語)의 오남용(誤濫用)도 스스로 정화(淨化)되지 않겠는가-욕심 있어, 아래의 작은 실천항목을 추가하고자 한다.

---

7) 현재도 상당비율의 국민은 서글(書㐅)을 중국의 漢字로 규정, 절대적 사실로 인지하고 있다. 상호 다름은 전술한 바와 같다.

Ⅱ. 散文-글월로 쓰고

첫째; 말 줄이지 말고 상용언어(常用言語)대로 구사(驅使)하자. '내로남불', '검수완박' 등, 젊은이들의 줄임말 남용 등은 한국어의 품격을 나락(奈落)으로 떨어뜨린다. 무엇들이, 무엇이 그리 급한가. 여유를 갖고 상대에게 친절하게 천천히 생각하며 사랑을 갖고 대화하자. 노자(老子; 춘추전국시대, 李耳) 도덕경의 '知人者智, 自知者明의 생활화로 교양인이 되게 하자.'

둘째; 어법·문법에 맞게, 상대에게 맞게 쓰도록 하자. 인칭(人稱: 1·2·3인칭)에 맞게 쓰자.

"나가 너 보고 싶어." "내가…" "너 것이냐?" "네 것…"

"먹어보니 맛있는 것 같아요." "… 맛이 있다."

"시진핑의 참석 가능성 작다." "…적다."

"네 기분 어떠니?" "…안 좋은 것 같아요." "안 좋아요."

……

국민생활의 절대적 영향인 어문정책은 국가의 미래와도 직결된다. 신중을 기하고 전문가들을 등용하여 100년 대계에 일모(一毛)의 하자(瑕疵) - 日本마에시마히소까의 로마자: 가나 국가 개량 혼란, 중국의 繁體字(簡體字) 병용에 따른 후회 - 도 없도록. 특히 우맹(愚氓) 정책이 되지 않도록 완벽해야 할 것이다.

〈참고문헌 및 논문〉

안병하, 훈민정음 연구.
사재동, 불교계 국문소설 연구, 소설 '훈민정음'.
정우재, 우리 원형 연구소장, '훈민정음날'에 대하여.
오학림, 우리말 불휘 연구소장, '정음날'에 대하여.
정윤훈, 성균관석전교육원 교수, '한글 전용은 妄國의 첩경'.
김세환, 훈민정음연구가, '우리문화-한글과 서글(書訖)의 두 날개'.
신상구, 충청문화역사연구소장, '한글창제의 숨은 주역 신미대사' 外

• **후기**(後記)

　한국어 사전의 각 어휘(단어) 서글(書訖)표기는 중국어(漢字)가 아니다. ① 한자(　)안에 병기 실시, ② 혼용, ③ 병용 등의 언어는 잘못 사용된 것이다. 사전, 또는 작문(作文) 등에서 서글(훈민정음); '國語(국어)'로 쓰든, '국어(國語)'로 하든 모두 옳은 것이다. 모두 한국어 애용, 중용에 어긋나지 않음이다.

한말글(한말, 韓字-書契) 사랑

Ⅰ. 한자단어(漢字 單語)? 한자단어(韓字-書契-單語)다.

'문자'란 인간의 언어를 기록하기 위한 '눈에 보이는 기호체계'이다. '문자'는 물체-막대기, 끈, 조개껍질 등, 형체-그림문자 등의 상형, 색채-검정; 죽음, 녹색; 삶 등…으로 시작되어 한자(漢字)의 육서(六書)-상형, 지사, 회의, 형성, 전주, 가차-, 일본(日本)가타카나(カタカナ)처럼 한자의 일부분을 떼어와 만드는 등, 어떤 원칙과 원리를 적용, 창제하여 발전 확장시키는, 여러 민족과 국가를 거치면서 사용되어 왔다. 획기적인 발전의 시점(時點)은 이집트의 상형문자(象形文字, 西方), 황하문명의 골각·갑골 문자(骨刻·甲骨文字, 東方)로 볼 수 있다. 일반적으로 골각·갑골문자를 漢字의 기원(起源)으로 보고 있으나 명지대 진태하(陳泰夏, 1937.4.16~2018.3.27)[1] 교수는 발굴지가 동이족(東夷族)의 거주지 산동성일대라는 점, 현재까지 한족(韓族)만이 사용하고 있는 가(家), 안(安), 글(契)… 등의 문자역사

---

1) 언어학자. 1998년 한국한자교육 추진 총연합회 설립, 전) 국무총리 등의 서명으로 한자병용운동 추진, 국립대만사범대에서 수학, 언어역사 연구, 황조근정훈장, 효령상 수상, 家; 동이족 거주지 산동성에는 뱀이 많아 집에 돼지 키워 이를 막음. 그래서 (집 가) 등 갑골문자와 동이족 생활문화와 연계, 동방문자 동이족 창제 주장.

등 가설과 고증으로 동방문자(東方文字, 甲骨文字 等)는 하(夏), 상(商=殷)의 동이족이 창제, 사용하였으며 삼한(마한, 진한, 변한-당시는 만주일원, 산동성 일원 거주), 고조선(古朝鮮), 삼국(三國-고구려, 백제, 신라), 고려, 조선을 거쳐 오늘의 한글(韓契, 契, 㐅)로 발전하였다고 주장하였다. 중국의 산동대교수 류펑쥔(劉鳳君, 고고학, 미술연구소장)2)도 한자(漢字)는 진·한대(秦·漢代)의 변화 발전과정을 거쳐 남북조시대(AD 439~589)에 완성이 이루어졌고, 그 이전에 이미 주(周)의 금문(金文), 운남성의 동파(東巴) 또는 서하문자(西夏文字)-이상 나시족(納西族)-등이 있었고, 점복·신탁문자(占卜·神託文字-骨刻·甲骨文字)는 동이족 거주지 중심인 은허(殷墟-山東省·天琶商 및 昌樂)에서 발굴된 점으로 볼 때 동방문자는 동이족의 창제라고 설명한다. 한자(漢字)의 발전과정3)을 보아도 이들 주장은 설득력이 있다. 중국의 한자(漢字)는 진대(秦代)에 최초의 중화제국을 세운 후 각 지방마다 다른 대전(大篆-甲骨文을 의사전달 수단으로 변형시켜 사용)을, 황제의 명을 받들어, 쓰기 쉽고 간략한 소전(小篆)으로 발전시키고(李斯, BC 284~208), 두 번째의 중화대제국을 이룬 한대(漢代)에서 본격적인 '한자(漢字)는 중화문자(中華文字)' 정책(政策)을 펼쳐4) 오늘에 이르고 있는 것이다. 이런 점을 고려하면 '한자(漢字)' 대신(代身) 진자(秦字, 또는 중화자(中華字), 위자(魏字)라고 해야 하지 않을까-.

---

2) 중국 史學者 '왕옥철'(왕소문화), 大汶口文化는 東夷文化라고 주장한 '장문' 등도 있다.
3) 甲骨文字→大篆→李斯의 小篆→秦程邈의 隸書→後漢末 張芝(?~192)의 草書→後漢末 劉德昇(184~220. 종요의 스승)의 行書→위 鍾繇의 楷書 (220~265)로 本形成.
4) 사마천의 史記 卷 I ; 큰글자 '黃帝者' 小典之子-東夷族의 생각하는 순서로 '황제는 소전의 아들이다.' 놀란 漢族은 東夷族인 周무왕이후에 china족과 동이족의 역사단절 목적으로 語順 변경 정책.

주시경(周時經, 1876.12.22~1944.7.27)선생도 중국의 漢字와 구분, 우리말·글을 한글(韓契-契, 훈), 온누리 첫째 글, 큰글이라고 명명(命名)하였다. 참고로 우리나라 '대한민국(大韓民國)'을 아래와 같이 읽어본다.

```
 ┌ 東方文字(韓字)      大      韓      民      國
·│
 └ 訓民正音(한글)      대      한      민      국
· 漢  字         tai⁴, ta⁴, t'ai⁴  han²   min²   kuo²
            ※ 중국은 발음기호가 없어 영어기호 인용, 뒤 작은 숫자는 四声.
· 日本語         タイ(おおきい), カン(いけた), シン(たみ), ユワ(くに)
            ※ (히라가나)안은 일본 고유언어, 가타카나는 한자 읽는 소리.
```

언문(言文)은 역사와 문화발전에 따라 융통성 있게, 통합적으로 발전·변화해 가는 것이다. 우리말 정책의 '한글전용(專用)'은 위에서의 주장과 같은 '국어사전(國語辭典)의 70% 이상인 한자단어(韓字單語)'를 무조건 한자(漢字)로 취급, 일체의 사용금지로 시행되어 왔다. 이제는 바뀌어야 한다. 국한병용(國漢倂用)이 아닌, 국한애용·중용(國韓愛用·重用)으로 전환해야 한다. 한말글(書契)은 한글·한자(韓契·韓字)다.

Ⅱ. 훈민정음(訓民正音)의 짜임

훈민정음은 세상문자 중 최상·최선(最上·最善)의 음소문자(音素文字, Rome, 한글, 알파벳 등, phoneme)다. 가장 적은 음소로 세상만상을 나타내지 못할 말이 없다.

모든 대상은 '아는 만큼 보인다'는 말이 있다. 그런 뜻에서 훈민정음의 짜임에 대해 논해본다.

훈민정음은 양음(陽陰, 日月)과 오행(五行, 金水木火土)의 원리로 창제5)되었다. 이를 도식화(圖式化)하면 다음과 같다.

◉ 모음구조 ; • (陽, 天, 日), ― (陰, 地, 月), ㅣ (中, 人)
◉ 자음구조 ;

속성	계절	방위	음성(秦聲, 소리 및 기호)	음계
木	春	東	어금닛 소리 ; ㄱ, ㅋ, (ㄲ)	角
火	夏	南	혓 소리 ; ㄴ, ㄷ, ㅌ, ㄹ, (ㄸ)	徵
土	秀夏	中	입술소리 ; ㅁ, ㅂ, ㅍ, (ㅃ)	宮
金	秋	西	잇소리 ; ㅅ, ㅈ, ㅊ, (ㅆ), (ㅉ)	商
水	冬	北	목 구멍소리 ; ㅇ, ㅎ	羽

위를 다시 정리하면 홀소리 10자(ㅏ, ㅑ, ㅓ, ㅕ, ㅗ, ㅛ, ㅜ, ㅠ, ㅡ, ㅣ)와 닿소리 14자(ㄱ, ㄴ, ㄷ, ㄹ, ㅁ, ㅂ, ㅅ, ㅇ, ㅈ, ㅊ, ㅋ, ㅌ, ㅍ, ㅎ), 그리고 위에서는 생략됐지만, 1933년 조선어학회에서 잘쓰지 않는다는 이유로 제외시킨 넉 자, • (아래아), △ (반시옷), ㆁ (옛이응), ㆆ (여리 히읗) 등인데 이중 겹홀소리(ㅑ→ㅣ+ㅏ, ㅕ→ㅣ+ㅓ, ㅛ→ㅣ+ㅗ, ㅠ→ㅣ+ㅜ) 등도 홀소리 모음으로 대체가능(代替可能)함으로 제외시키면 세상에서 가장 적은 수의 음소문자(音素文字)로 본래의 기능을 다할 수 있는 문자다. 얼마나 간편하고 과학적이며 배우기 쉽고 합리적인 문자인가-.

참고로 알파벳(Alphabet)은 26자인데 대(大)문자, 소(小)문자, 이에 따른 필기체, 모두 합(合)이면 104자나 되고, 일본의 '가타카나' 51자, 필기체인 '히라가나'를 합(合)하면 102자나 되니 세종대왕의

---

5) 속리산 법주사의 복천암에서 신미대사(金守省, 1403~1479) 도움의 관련설이 있으나 석보상절, 월인천강지곡 등 불교 관련 서적 훈달기 등 훈민정음의 실용, 효용성 검증을 위해 잦은 만남의 구전 된 것 아닌가 사료된다. 물론 충청문화 역사 연구소장 등은 신미의 관여설을 주장하고 있다. 후손들의 연구과제다.

후대(後代)인 우리는 얼마나 복 받은 민족인가—. '세계최고의 소리글자'란 평가는 그냥 얻어진 것이 아니다. 맘껏 사랑하고, 아름답고 알맞게, 교양있게 사용해야 함은 우리 모두의 소명(召命)이다.

※ 한글은 세상만물·형상을 모두 표현할 수 있는 만능무한(萬能無限)의 문자다. 닭 우는 소리만도 두루 표현—장닭, 암닭, 어미닭, 병아리 등—하고, 사람들 웃는 소리도 못 나타냄—할아버지, 할머니, 어른, 아이, 남자, 여자, 기쁠 때, 슬플 때 등—이 없다. 그러나 다른 문자는 그 나타냄(表現)이 극히 제한적이다. 미국의 닭 우는 소리는 Cockadoodledoo(꼬끼오) 뿐이고, 중국 漢字의 웃음소리는 그냥 대갹(大噱) 정도다.

Ⅲ. 결(結); 한말글(韓契) 사랑, 전용(專用) 아닌 애용·중용(愛用·重用)

문자가 아무리 뛰어나도 사용자가 제대로 대우하지 않고 함부로 다룬다면, 최고품질의 기계가 주인을 잘못 만나 쉽게 고장, 폐기되는 것처럼 결과 할 수 있다. 여기에 한말글(韓契, 書契, 韓字)의 주인인 우리의 소명(召命)이 있다. 올바른 주인노릇—한글사랑으로의 애용·중용 방법을 제시해 본다.

1. 시작(詩作) 때 시어(詩語) 찾듯, 표현대상에 꼭 맞는 언어를 찾아 바르고 옳게 써야 한다. 우리말은 꾸밈씨, 움직씨의 나타냄이 다양하고 풍부하며 말맛이 미묘하다. 움직씨—깡충깡충, 깡충깡충, 경충경충, 껑충껑충…, 꾸밈씨—밝그스레, 붉으스레, 빩그스레, 뷹그스레, 발갛다, 벌겋다, 뻘겋다…. 말은 상대, 상태에 꼭 맞는말을 찾아 딱 맞게 써야 한다.

2. 교양언어로 써야 한다. 말도 언격(言格)이 있다. 내 말을 내 스스로 사랑하며 상대방을 즐겁게, 기쁘게 하는 말로 사용해야 한다. 상대가 화낼 말을 하면 내가 한말도 나를 싫어한다. 나를 화나게 한다. 비어(卑語), 욕설(辱說), 속어(俗語), 하대(下待) 등은 생각지도, 사용하지도 말아야 한다. 사용에 비례하여 내 자신의 인격이 손상되고, 내 자존(自尊)의 가치가 떨어지기 때문이다. 남을 존경하고, 아끼어 그가 감사할 때 나의 그러함도 상승하기 때문이다.

3. 참말(眞談) 할 때만 쓰고 거짓말에는 쓰지 말자.
　　말은 곧 자기자신이다. 말의 수준이 곧 사용자의 수준이다. 우리가 사는 동안은 참말만 하기에도 짧다. 거짓말할 시간이 없다. 우리 인생은 남을 믿게, 칭찬해 주기에만도 짧다. 남을 속이는 거짓말은, 내가 사용한 만큼 반드시 내게 돌아온다. 천금(千金)같은 우리말, 결코 거짓말에는 사용하지 말자.

4. 아름다움의 창조에 많이 쓰자.
　　위에서 우리 한말글의 뛰어남에 대해 말했듯 우리글로 나타내지 못할 '아름다움'은 없다. 나의 사상, 경험, 느낌 등을 나타낼 때 꼭 알맞은 낱말을 찾아 꼭 알맞은 곳에 사용하여, 시(詩), 수필, 소설, 논문 등을 쓰자. 살아가는 나의 자취가 가장 아름다운 글로 남을 것 아닌가ㅡ. 뿐이랴! 훈민정음의 꼴을 사용하여 '문자구성', 또는 '훈민정음 이미지화', 형상을 입체화한 조형물 등을 창작한다면 이는 또한 나의 흔적이 아름다운 미술품으로 영원히 남을 것 아니겠는가ㅡ. 우리 말, 우리 글(韓契, 韓字), 꼭 아름다운 곳, 아름다운 것, 아름다움의 나눔 등에만 쓰자. 먼 훗날, 그러한 것들을 보는 사람들이 '참으로 아름답게 살며 아름다움만 남긴 사람이 있었네'라고 나를 알아보지 않겠는가-.
5. 갈고 닦아 문법맞게 사용, 세계 제일의 말글이 유지되도록 하자.
   • 줄여서 무슨 말인지 모르게 쓰지 말자. 요즈음은 어른·아이 구분없이 그저 줄여쓰는, 못된 조급증이 있다. 무엇이 그리 급한가-공동묘지 가는게 그리 급한가-. 고급음식 맛보며 즐기듯 여유롭게 우리말맛 느끼며 품위있게 사용하자.

   • 방언(放言)이 아닌, 방언(方言)은 아끼고 다듬어 우리의 언어문화유산으로 발전시키자. 우리나라는 국토는 좁지만 70% 이상이 산지인지라 방언(方言)이 꽤 발달돼 있다. 특히 제주도 말은 전혀 못 알아 들을 정도다. 방언(方言)에는 그 지방의 역사와 문화가 녹아 스며 있다. 더욱 다듬고, 창작 활동 등과 연계하여 지역특화 된 예술소재로 전·계승시켜야 한다.

문자·언어는 나라·민족의 혼백표현수단이다. 지구상의 200여개 국가, 70여 억 인구(민족) 중 자기나라 고유의 문자·언어를 가진 경우는 그리 많지 않다. 우리는 유구한 황하(東方文字·書契)의 역사를 이어왔고 그에 더하여 창제의 역사적 사실이 확실한, 세계 유일의 '훈민정음'을 갖고 있다. 우리는 우리 말글의 주인인 사용자다. 문자·언어의 발전, 확장, 세계화는 주인이 '무엇을, 어떻게 하는가'에 따라 결과(結果)한다.

'우리는 한말글(한말, 韓契, 書契, 韓字)의 어떤 결과(結果)를, 우리가 역사에 어떻게 기록되기를 원하는가…'

⊙ Note(註. 2023, 32집, 韓國語小考 포함)

·가림토 문자 … (38字) ……… 연구필요 ……………—…………… 訓民正音 ⟩ 韓國語
(한말글)

·商(殷墟) ⟨ 골각문자 ⟩ 東方文字[6] ─ 東夷韓族대대로 書契 — 韓契(字)
 ‖   갑골문자   ╲ 秦, 漢 …… 明(1369) 漢字命名
 韓族居住地   처음 사용(中國)[7]
                      ╲ 回回蒙古文字   ╲ 簡體字
                        ○○○(日本, 東南亞…)

---

6) 陳泰夏 ; 韓人祖先發明文字, 中國學界承認(2011.4.21. 국제중심종합보도)
 우리는 中國文字로 알고 '眞書'라고…….
7) 明의 命名(中國)도 漢 이후 六書原理로 漢字를 造字해 왔을 것(中國漢字)

III. 餘滴
여적

이야기로 보태다

| 고향 사랑 |

내 故鄕 숲마을[林里]
―일본의 조선지배, 그 잔악함

Ⅰ. 序

과거 日本의 '朝鮮支配行態'는 체계적이고 철저 하였으며 특히 풍수지리에 입각한 「朝鮮民의 民族魂抹殺政策」은 소름이 끼치도록 잔악했다. 그들의 악랄함은 전국의 山河―名山의 정상쇠말뚝, 靈泉 메우기, 사찰의 靈氣紋없애기, 創氏改名 등등 미치지 않은 곳 없이 두루 저질러졌다. 그 한 예로 시골의 조그마한 나의 고향 「숲마을(林里)」을 살펴보고자 한다.

Ⅱ. 本

1. 숲마을

「숲마을」은 기호학파의 거두, 禮學의 宗長沙溪先祖가 그의 부친 황강의 경회당에 이어 養性堂을 열고 동춘당, 우암 등 수 많은 후진들을 교육하였던 곳이며, 이로 인하여 인조12년(1634.갑술) 文元公 沙溪 金長生을 주향으로, 효종 9년(1658)에 사계의 仲子 文敬公 신독재 김집에 이어 숙종14년(1688)에 문정공 동춘당 송준길이 종향되고, 숙종21년(1695) 9월에 문정공 우암 송시열이 추향으로

Ⅲ. 餘滴―이야기로 보태다 137

제향된 「돈암서원」이 자리한 곳이다. 풍수지리적으로도 '飛鶴抱龜(비학포구)' - 학이 거북을 안고 있는 명당의 형세다.

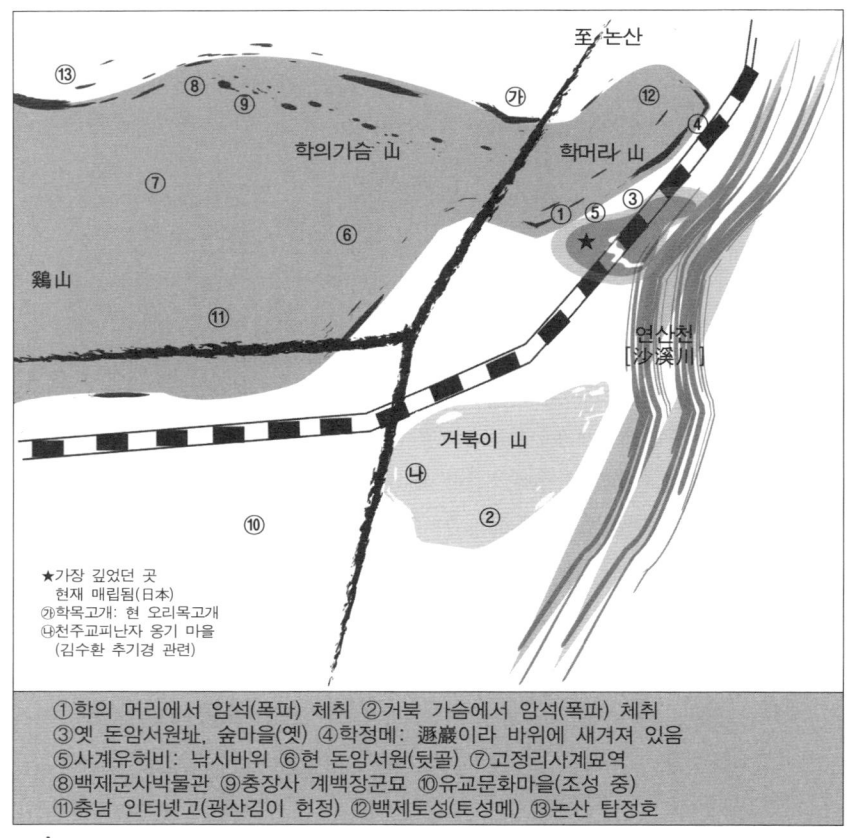

★가장 깊었던 곳
현재 매립됨(日本)
㉮학목고개: 현 오리목고개
㉯천주교피난자 옹기 마을
(김수환 추기경 관련)

①학의 머리에서 암석(폭파) 체취 ②거북 가슴에서 암석(폭파) 체취
③옛 돈암서원址, 숲마을(옛) ④학정메: 遜巖이라 바위에 새겨져 있음
⑤사계유허비: 낚시바위 ⑥현 돈암서원(뒷골) ⑦고정리사계묘역
⑧백제군사박물관 ⑨충장사 계백장군묘 ⑩유교문화마을(조성 중)
⑪충남 인터넷고(광산김이 헌정) ⑫백제토성(토성메) ⑬논산 탑정호

학의 머리 부분인 돈암서원址는 사계의 생존 시 「雅閑亭」[1] 養性堂에서 구봉 송익필, 선원 김상용, 수몽 정엽, 가휴 조익, 후천 소광진, 송간 이단하, 휴옹 심광세, 반항당 홍천경, 상촌 신흠, 독석 황혁,

---

[1] 세조때 문사 최청강의 별장, 후에 사계 백조부 庶尹錫이 소유, 사계가 옆에 집을 짓고 후에 양성당을 짓다.

소암 임숙영, 권진기, 청음 김상헌, 월사 이정구, 계곡 장유, 기암 정홍명, 매장 김기남, 제호 양경우 등과 더불어 문학을 논하며,「養性堂十詠」즉「養性堂十景」2)을 詩로 나누었던, 경치도 빼어난 곳이었다. 이러한 沙溪의 학문 중심지를 조선의 민족혼 말살에 혈안이 된 일본은 돈암서원3)이 창건된 지 240여 년 후 고종 17년 경진(1880)에 沙溪川(현 연산천)의 범람으로 남쪽 2km지점인 현 임리 뒷골로 이전되었음에도 이를 그대로 두지 않았다. 철저히 저주를 걸었다.

  1895년, 프랑스에 의해 추진되던 호남선 철도 부설을 '거센 방해공작'으로 지연시키던 일본이 1910년 10월 일본제국회의에서 대전·목포간 호남선 건설을 확정한 후 곡물 수송을 위한 철도건설을 서두르되 우선, 光山金氏魂 및 禮學의 脈을 끊기 위해, 철도가 숲마을을 휘돌아 감아 지나가도록 설계, 돈암서원 앞을 흐르던 맑고 푸른 시내, 하얀 모래내 -沙溪의 호가 되었으며, 배를 띄울 만큼 깊었고 사계가 낚시를 즐겼던 바위에 사계유허비가 세워져 있고 바로 옆으로 철로가 지난다.- 와 학이 품고 있던 거북의 가운데를 통과 하도록 하여 숲마을과 떼어 놓았다. 또한 이로 인하여 숲마을은 장마철만 되면 항상 침수가 되도록 하였다. 일본의 악랄함은 이에 그치지 않았다. 이들은 학과 거북을 죽이기 위해 학의 머리 부분과 거북의 가슴 부분에서 약 100평 정도의 폭파 작업으로 각각 암석을 채취, 철도건설 석재로 사용하여 숲마을을 '죽음의 마을'로 만들고자 하였다. 연산에서 논산으로 넘어가던 옛 오솔길 고개도 신작로 공사 후 원래 이름인 '鶴의 목 고개'를 격을 낮추는 '오리목 고개'로 개명하였던 것이다. 그래서인지 옛 그 찬란했던 학문적 영화가 사라지고 신독재사

---

2) 문인들이 각각 5언시 10여 수를 지어 칭찬, 이를 사계 막내아들 묵재(1613~?)가 정리, '양성당 諸詠'이란 책을 냄.
3) 고종 17년(1880)홍수로 이전, 당시에는 응도당만 - 소년들은 양성당이라 부르며 놀았다 - 있었다.

당(종손 선오 거주)만이 쓸쓸하게 자리 지키고 있는 '숲마을'은 겨우 명맥을 유지 하고 있을 뿐이다.

돌이켜보면 얄팍하고도 치사스런 일본의 식민지정책, 그들은 위의 사례에도 만족치 못하고 심지어 創氏라는 이름으로 '고귀한 남의 姓'4)까지 바꾸었던 족속들이 아니던가 -우리는 두 번 다시 이러한 치욕을 당하지 않기 위해, 과거의 우리 역사를 정확히 알고 정진하여 自强不息할 일이다.

2. 돈암서원(遯巖書院)

돈암서원의 전경 - 국가사적 383호

숲마을의 核은 돈암서원이다. 돈암서원은 湖西地方의 대표적 서원이다. 또한 2011. 4. 18. 中央 各 新聞의 보도와 같이 국가브랜드위원회와 各 市道의 「논산돈암, 영주소수, 안동도산. 병산, 경주옥산, 달성도동, 함양남계, 장성필암, 정읍무성 등 9개 서원을 유네스코 세계문화유산 잠정 목록에 올리기로 했던 유교문화성지」다. 국가사적

---

4) 광산김 - 金光, 경주김 - 金本, 김해김 - 金山, 은진송 - 松本 등

383호로서 면적 5590㎡, 대원군의 1871년 철폐령에도 보존된 47개 서원 중 하나이며 沙溪門人과 제자들이 연산현 숲마을의, 사계가 살던 舊址 왼쪽에 세웠던 곳이다. 효종 10년(1659)에 '遯巖'이라는 사액이 내렸으며 그 이듬해인 현종 원년(1660)에 '遯巖書院'이라고 다시 사액하면서 관원을 보내 致祭한 까닭에 「돈암서원」이라 부르게 되었다.

'遯巖'이란 「선비가 은퇴하여 조용히 학문으로 여생을 보내는 마을」이란 뜻으로(둔괘: 君子는 물러나서 형통하다)에 기초한 것이다. 옛 돈암서원 자리의 북쪽 바위에 음각으로 새겨져 있다.

祠宇인 崇禮祠

건물로는 祠宇인 崇禮祠가 있고 1602년 이후 사계 선생이 강학하던 문화재 자료 366호인 養性堂이 있다. 양성당은 정면 5칸, 측면 2칸의 건물로 정면 중앙 3칸에는 前退가 달린 우물마루의 마루방을 만들어 대청으로 사용하였고, 우측의 居敬齋, 좌측의 靜義齋가 있다. 또 東齋, 西齋, 장판각 등 10여 棟이 있으며 돈암서원 비, 관리사 등이 있다. 장판각에는 황강, 사계, 신독재 등 3대(三代)의 문집과 왕실의 하사품인 벼루, 전적 등이 보관돼 있다.

응도당(凝道堂) - 국가보물 1569호

　돈암서원의 대표적 건물은 뭐니뭐니 해도 국가지정보물 제1569호인 응도당(凝道堂)이다. 응도당은 정면 5칸, 측면 3칸의 워낙 웅장한 건물인지라 돈암서원이 이전된 뒤에도 계속 옛터인 연못가에 방치되어 있었고 여름철엔 청소년들의 시원한 놀이터로 이용되고 있었다. 그러다가 1971년 논산 유림의 결정으로 대목도편수(大木都便首) 김영옥(金永玉, 1906~1997)[5])이 木手 金仁洙 등과 현 돈암서원 경내로 이전 시켰던 바, 당시 응도당의 문화재적 가치를 감안하여 '원형그대로' 이전시키기 위해 응도당의 구조를 상세도면화 하고 가상 해체도면을 작도한 후 각 건물 위치, 구조, 부분별로 고유기호, 일련번호 등을 부여 - 심지어 기왓장 하나하나에도 기호·번호표기(좌상1줄1번 등)해 가며 이전 공사 작업을 전개하던 모습이 지금도 생생하다. 당시 축대로 썼던 돌까지도 그 위치에 그대로 옮겼음은 두말할 나위 없다. 이전공사 시 '숭정6년癸酉'(인조11년, 1663)의 기왓장銘이

---

5) 한옥 전문의 大木手로서 1960년대 대전 송촌의 동춘당도 원형 복원 보수하였다.

발견됨과 아울러(돈암서원 창건의 契機?)겹처마 맞배지붕, 주심포 1출목 2익공, 백골집, 廈屋制度 등 조선 중기의 건축양식이 유지 보존돼 있어 2008. 7. 10 국가 보물로 지정되었다.

Ⅲ. 結

내 고향 연산(옛 황산벌)의 작은 마을에 대해 고찰한 것은, 급격한 도시화로 대부분의 국민이 점차 고향을 잃고 고향의 역사를 잊어가는 슬픈 현실과, 이러한 트렌드(Trend)는 국가 발전, 국가 미래에 결코 도움이 될 수 없다는 절박함, 특히 과거 일본의 악랄한 침략정책이 작은 마을에서 조차 이렇듯 철저하게 이루어 졌음을 밝혀 알려줌으로써 글로벌 시대를 맞는 젊은 세대들에게 국가 유지 발전, 自强不息이 오히려 과거보다 더욱 중요하다는 것을 깨우쳐 주기 위함이다.

精神과 物質文明 공히 강한 국민만이 스스로의 문화를 향유할 수 있으며, 그러한 국가만이 오늘날의 국제사회에서 제 목소리를 제대로 낼 수 있고, Global Leader 국가로서의 행위를 할 수 있는 것이다.

溫故知新 - 결코 버려서는 안 될 우리의 좌표다.

| 先祖 사랑 ① |

조선의 숨겨진 인물

　우리의 인물사(人物史)는 특출한 몇몇을 중심으로 인구(人口)에 회자(膾炙)되는 특성을 갖고 있다. 그러나 역사는 이들만의 무대는 아니었으며 모든 백성들의 숨은 행위집합(行爲集合)으로 이어져 내려온 것이다. 본고는 이러한 만인의 본(本)이 됨직함에도 숨겨져 있던 인물을 발굴하여 이들 행장(行狀)을 세상에 드러내 보고자 한 것이다.

Ⅰ. 청백리(淸白吏) 공안공(恭安公) 이야기

1. 행장(行狀)[1)]

　공안공(恭安公)은 조선 세조 때의 명신(名臣) 김겸광(金謙光)의 시호(諡號)다. 겸광은 광산인(光山人)이며 증조는 자헌대부충청도관찰사 약채, 조(祖)는 숭정대부의정부좌찬성겸 세자 이사(貳師)로 추증된 문(問), 부(父)는 순충적덕겸의보조공신대광보국숭록대부영의정부사겸영관상감사광성부원군(純忠積德兼義補祚功臣大匡輔國崇祿大夫領議政府事兼領觀象監事光城府院君)으로 추증된

[1)] 大提學 洪貴達이 撰한 神道碑銘을 참고로 재구성한 것임.

철산(鐵山)이다. 겸광은 1419년생으로 1457년에 문과급제, 예문관 한림, 감찰, 정언, 사헌부장령 등을 거치며 매사 직분을 다하던 중 1460년(세조 5년) 오랑캐 랑이승합(浪伊升哈)이 왕화(王化)를 거부 난(亂)을 일으키자 신숙주의 종사관으로 출병, 공을 세우고 이어 건주위(建州衛)의 이만주족(李滿住族)을 토벌한 공으로 통훈대부 군기감정이 되었다. 1461년에는 통정대부 승정원동부승지가 되어 벼슬길 9년 만에 은대(銀臺)에 올랐으며 1462년 좌부승지, 1463년 우승지, 가선대부 겸 평안도관찰사가 되어 북쪽 오랑캐 관리에 최선을 다하였다. 청렴과 성실로 왕의 신임을 얻어 1465년 호조참판, 1466년 개성부윤(開城府尹) 겸 평안도 절도사 보직(補職), 가정대부 품계(嘉靖大夫品階)를 받았다. 1467년에 예조판서 겸 의금부사, 1468년에 과거시험 상시관(上試官), 경상도관찰사가 되었다. 1468년 세조가 훙(薨)하고 예종이 즉위하자 1469년 예조판서 겸 오위도총부도총관, 상시관(上試官)을 거쳐 경상도관찰사가 되었다. 1469년 겨울 예종이 훙(薨)하고 성종이 즉위하자 1471년 순성명량좌리공신(純誠明亮佐理功臣)의 호를 내리고 광성군(光城君)으로 봉(封)하였다. 한성부판윤(漢城府判尹)도 겸하였다. 1473년 모친상을 당하여 3년의 복제(服制)를 마치고 도총관(都摠管)을 겸직하였다. 1483년 정희왕후(貞熹王后. 세조비 윤씨)가 돌아감에 예조판서로 상사위임(喪事委任) 받아 장례치르고 1483년 여름에 의정부우참찬, 1484년 겨울에 창경궁을 지을 때 부제조(副提調)로 헌신하였다. 정헌대부(正憲大夫)로 가자(加資) 받았으나 더욱 조심하고 근신하며 조금도 게을리 하지 않았다. 1485년에 좌참찬, 1486년에 세자궁 제조(提調)겸 세자우빈객(世子右賓客), 좌빈객(左賓客)이 되었다. 1488년에 70세로 연로(年老)함을 이유로 사직서를 내었으나 왕이 불허하였고 1490년 병(病)으로 졸(卒)하였다.(향년 72세)

왕이 공안공(恭安公)으로 시호(諡號)를 내렸다. 일을 공경히 하고

위를 받드는 것이 공(恭)이고 좋아하고 화(和)하여 다투지 아니하는 것이 안(安)이다. 공안공은 청백리(淸白吏)로 록선(錄選)되고 불천지위(不遷之位)의 은전도 받았다.

겸광은 품성(稟性)이 순근(純謹)하고 지조(志操)가 독후(篤厚)하여 위에는 충성(忠誠)을 다하고 아래에는 공손(恭遜)을 다했으며 효도하고 우애하여 -형인 국광(國光)과의 묘(墓)자리 이야기, 자녀(子女) 작명(作名)이야기- 친구와 사귐에 신(信)으로 하고 일에는 직분을 다하고 오직 신(愼)을 행(行)하였다. 북쪽 변방 지킴에 틈이 없고 모든 일에 치밀하여 그르침이 없고 능히 여러 임금 보필에 공명과 은택으로 일생을 마쳤다. 대제학 홍귀달이 명(銘)하였다. 몸은 하나로되 쓰임은 백 가지요, 안팎과 남북으로 -들어오면 재상이요, 나아가면 장수로다. 왕의 물음마다 아름다운 꾀의 답이로다. 능운대(凌雲臺)와 응연각(凝煙閣. 충신을 모시는 집)은 겸광의 집이요, 단서철권(丹書鐵卷. 영구보전을 위해 주사로 쓴 책)은 겸광의 훈열(勳烈)이로다.

2. 행신(行愼)

겸광은 위로 형 국광(좌의정), 밑으로는 두 아우 정광(첨정공), 경광(판교공)을 두었으며 형제간의 우애가 돈독하였다. 특히 몸가짐을 중시하여 항상 신(愼)을 좌우명으로 삼아 궁행(躬行)하였다. 자녀들의 작명(作名)과 본인(本人)의 묘(墓) 성분(成墳)을 보면 이를 짐작할 수 있겠다.

1) 사계묘역(沙溪墓域)과 공안공묘(恭安公墓)

겸광의 묘(墓)를 설명하려면 사계묘역(沙溪墓域)을 빼놓을 수 없다. 사계묘역은 원래 정경부인 양천허씨(공안공의 할머니)의 묘(墓)와 감찰공 철산(鐵山, 공안공의 父) 내외(內外)분의 묘소(墓所)에 사계(沙溪)의 묘(墓. 원래는 두마면 성북리에 있었으나 신독재 김집이 移葬)와 목사공묘(牧使公墓. 공휘로 파주목사였으며 원래 경기도 楊州 所在)를 역시 김집이 이장하여 사계묘역(沙溪墓域)으로 조성(造成) 한 것이며 작금(昨今) 광산김씨(光山金氏)의 성지(聖地)로 하고 있 다. 도표화(圖表化)하면 아래와 같다.

〈沙溪墓域과 恭安公 墓圖〉

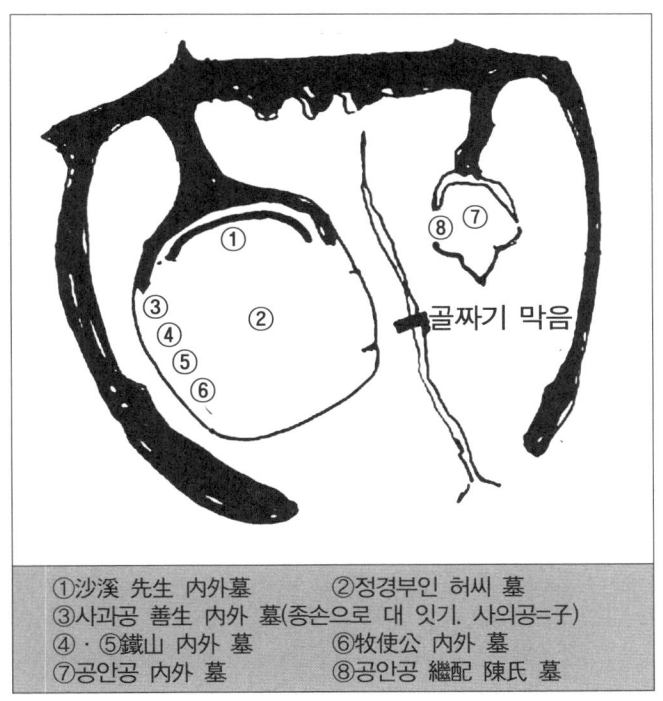

①沙溪 先生 內外墓　　②정경부인 허씨 墓
③사과공 善生 內外 墓(종손으로 대 잇기. 사의공=子)
④・⑤鐵山 內外 墓　　⑥牧使公 內外 墓
⑦공안공 內外 墓　　⑧공안공 繼配 陳氏 墓

　원래 사계(沙溪)의 고향(故鄕)인 숲마을(林里: 충남 논산시 연산면) 의 풍수(風水)는 비학포구형(飛鶴抱龜型)으로 옛 돈암서원의 뒷산 은 학의 머리(학정메), 현 돈암서원 자리는 동쪽으로 새끼 거북(거북 메, 龜山)을 품고 있는 학의 가슴, 그리고 정경부인 양천 허씨와 그 아들 내외의 묘는 학의 배에 해당하여 신독재는 여기에 사계묘역(沙溪

Ⅲ. 餘滴-이야기로 보태다　147

墓域)을 조성한 것으로 짐작된다.(숲마을 이야기 내용과 지도 참조)

　옛 사대부들은 생전에 묘터를 미리 정해 두는 풍습이 있었다. 겸광 형제도 지사(地師)를 불러 묫자리 두 곳을 정했던 바, 왕대리 터는 크고 넓어 대대로 영화를 누릴 곳이며, 고정리 터는 그런대로 길지(吉地)라는 말을 듣고 서둘러 형 국광(좌의정공)에게 이르되 '형이 있은 후 동생이 있고, 모든 영화는 형부터 누리심이 순리이며, 저는 아직 어려 부모님, 할머님 곁에 묻힘으로써 더 사랑받고 싶으니, 왕대리는 마땅히 형님자리여야 합니다' 하여 현재의 묘가 정해졌다고 전해진다.
　겸광은 풍수에 뛰어난 지사였다. 또한 예언가였다. 자신의 묘터가 정해지자 자신의 평소 소신과 성분(成墳)을 결합시키려하였다. 먼 훗날 비학포구(飛鶴抱龜)의 명당이 일본인들의 야만적 행위로 파괴될 줄 예견한 듯 ―일제는 학의 머리 바위산을 다이너마이트로 폭파, 새끼거북의 가슴바위도 또한 폭파, 그 돌들로 호남선을 깔아 학과 새끼거북을 죽여서 갈라놓았고, 학의 목에 신작로를 내어 숨통을 조인 후 고개 이름도 오리목 고개로 개칭하였다. 그 후 숲마을은 쇠락하여 폐촌이 되었다.― 묘의 형상을 거북의 등 위 성분(成墳)으로 하게 하여 거북의 배속에서 편히 지내는 꿈을 표현하였으며 자녀들에게도 항상 '뜻은 높고 푸르게, 그러나 몸은 늘 거북처럼 신중하게(嵩心身龜) 하도록 하였다. 후손들은 이러한 겸광의 뜻을 지켜 내려오고 있으며, 거북머리 앞의 무논이 마르지 않게 가꾸고 있고, 묘 옆 작은 골짜기를 막아 물을 가두어 둠으로서 거북이의 놀이터가 되도록 배려하고 있다. 겸광의 신중성은 자녀들의 작명(作名)에서도 볼 수 있다. 자녀들의 항렬(오행: 金水木火土)은 토(土)항인 극(克)이다. 경광은 참판 유양식(柳陽植)의 여(女)를 맞아 일녀(一女)를 두었고 계배(繼配)로 사직진계종(司直陣繼琮)의 여(女)를 맞아 오남일녀(五男一女)를 낳았으니 극회(克恢), 극치(克恥), 극픽(克愊), 극개

(克愷), 극제(克悌) 등이 아들이다.

　항렬을 뺀 명(名)을 살펴보면 회(恢 : 넓을 회, 넓히다, 넓다), 치(恥 : 부끄러워할 치, 욕당하다), 픽(愊 : 정성 픽, 답답할 벽, 성내다, 노여움), 개(愷 : 즐거울 개, 크다, 장대하다), 제(悌 : 공경할 제, 화락, 화평, 즐거움)로 극(克)을 부정, 또는 지킴으로 볼 때 '삼가하고 지킴'을 강조한 작명이라 할 수 있다. 또한 모든 명자(名字)에는 심(心, 심방변)을 부수(部首)로 하여 '마음가짐의 중요성'을 강조하였다. 이는 그 형인 국광의 예(例)에서도 볼 수 있다. 즉(卽) 극뉵(克忸), 극니(克怩), 극수(克羞), 극괴(克愧), 극침(克忱) 이 또한 부끄럼 없고 떳떳한 삶을 바라는 작명이라 할 것이다.(부끄러움, 굽힘, 수치스러움이 없는 삶 강조)

2) 청백리(淸白吏)

　청백리는 그의 인품(人品), 치적(治蹟) 등이 백관(百官)의 모범이 될 만한 인물(人物)이여야만 록선(錄選)된다. 청백리로 뽑히면 품계(品階)가 오르고 자손은 음덕으로 벼슬도 할 수 있으며, 그러기에 본인 뿐 아니라 일문(一門)의 영예로 여겼다. 청백리는 의정부, 6조, 한성부의 삼품(三品) 이상 관원과 대사헌(大司憲), 대사간(大司諫) 등이 엄격하게 심사한 후 왕의 재가를 얻어 록선(錄選)된다. 광산 김(光山 金)에는 척약재 약항, 공안공 겸광, 독송정 개, 사계 장생 등 4인이 있다. 겸광은 광산인 중 두 번째 청백리로 조선조 초중기의 청백리 중 대표적 인물이다.(성종 때 錄選)

　행장(行狀)에서 보듯 겸광은 매년 승진했을 정도로 성실 근면했으며 왕의 총애를 한몸에 받았음에도 늘 신중하였고 언행이 일치하였으며 충성과 효심이 지극하여 백관(百官)이 우러러 보았다. 벼슬을 함에 있어서도 진퇴를 분명히 하여 70세에 사표를 냈고, 스스로의 천명을 알아 72세에 졸(卒)하였다. 왕은 겸광의 부음(訃音)을 듣고 매우 애도(哀悼)하여 2일간 조회(朝會)를 폐하고 예관(禮官)을 보내

상사(喪事)를 돕게 하였다. 묘는 연산현 우수리(連山縣 牛首里, 현 충남 논산시 연산면 고정리) 선영 옆이다.

3. 효(孝)의 실천(實踐) : 고정사(高井寺, 永思菴, 高菴寺라고도 함)

겸광 형제는 효심이 대단하였다. 모친 안동김씨가 1473년 계사(癸巳)에 졸(卒)하자 1475년에 옛 절터를 정비, 고암사라 하고 26간을 지어 중 명월(明月)을 들이고 관음(觀音)을 당주(堂主)로 하여 분암(墳菴)으로 하였다. 기록은 다음과 같다.

"계사(癸巳) 봄에 김국광 등이 모친상을 당하여 연산에서 시묘막을 지키고 망령(亡靈)의 유언을 받들어 묘서(墓西)쪽 옛 절터를 가려 중 명월(明月) 등으로 재물을 모아 집 26간을 경영하여 이듬해에 역사를 마치고 이름을 고암사(高菴寺)라 하고 관음상(觀音像)을 만들어 당주(堂主)를 삼고 을미년(乙未年) 첫여름에 이름난 중들을 모아 법연(法筵)을 베풀 때에 준비했던 집기(什器)을 낱낱이 기록하여 후에 썩히지 않을 것을 대비하노라"(성화 11년, 1475년 4월 ○일에 기록하노라) -장남광산부원군수려후제철권서문(長男光山府院君守廬後題鐵卷序文)

조선조는 성리학이념의 보편화로 억불숭유의 정책으로 재암(齋菴) 건립이 억제되었음에도 겸광 형제는 효의 실행으로 분암(墳菴)을 건조했던 것이다. 영사암(永思菴)의 변천사를 개략하면 다음과 같다.

> ※ 공신회맹록이나 공신록권을 '단서철권(丹書鐵卷)'이라고 부르며 특별한 의미를 부여하는 것처럼 광산김문(光山金門)은 영사암 자료를 '철권(鐵卷)'으로 별칭하여 중시하고 있다. 효(孝)는 백행지본(百行之本)을 가풍(家風)으로 하기 때문이다. 철권(鐵卷)의 내용이 곧 영사암(高井寺, 高菴寺)의 변천사이다.
> ●성종 6년 1475년 고암사(高菴寺) 창립 : 고사구지(古寺舊地)

에 지선(智禪) 명월(明月) 등 승려와 함께 26간의 암자를 영건(營建)하여 완공, 고암사(高菴寺)라 칭함. 관음상을 조상, 당주(堂主)로 삼음.(觀音은 허씨부인의 기도 대상이었다.)

- 1617년(광해 9년) 鐵卷後錄 : 신독재 김집이 찬(撰), 고암사 창건 내력을 적고 영원한 선조 받들기, 후손들을 복되게 길러야 함 주장. 기록 후미에 사중집물(寺中什物) 22종, 불상의 경우 1541년과 1581년 개금(改金), 금종(金鐘)은 선조 1년 1568년에 잃어버렸음을 기록했음.

- 숙종 31년 1705년 완의(完議) : 김만증(金萬增)을 위시한 김래(金來), 김만중(金萬重) 등 많은 문중인(門中人)이 참여 기록함. 고암사의 선영수호 의미, 유적 강조, 승려들 보호, 문중인의 승려 침탈행위 방지 등을 강조하였다.

- 영조34년(1758년) 숭정삼회중수전말(崇禎三回重修顚末) : 26간의 고정암이 지금은 겨우 7간 뿐이고 서쪽에 섬돌과 주초만 남아 민망, 각파 유사들이 재곡을 모아 1758년 10간의 전후퇴 건물 중수. 영조 35년(1759년) 기와까지 완료. 중수기 문과 철권 등 종가에 보존.

- 영조 34년(1758년) 고정영사암중수기(高井永思菴重修記) : 김회촌(金晦村)이 찬(撰). 영사암으로 명(名). 영사암의 창건 유서, 의미, 중수하게 된 사연 기록(記錄)

- 1800년 숭정삼회경신하중수기(崇禎三回庚申夏重修記) : 1758년 중수한 건물이 퇴락하자 각 파에서 재물을 수합, 중수한 기록으로 도유사 김인택(金寅澤) 외 각 유사의 기록이 있고 경신년 2월 제기(祭器)와 사중집물(寺中什物)의 전수기(傳受記)가 첨부돼 있다.

겸광 형제들의 모친에 대한 효(孝)의 실천(實踐)으로 창립(創立)

된 高井寺는 위와 같이 그 후손들에 의하여 오늘날의 영사암(永思菴)으로 이어져 오고 있는 것이다. 근래에 들어 영모재종중(永慕齋宗中)에서는 유명스님을 초치하고 과거의 문중분암기능(門中墳菴機能)을 되살리고 있다.

훌륭한 선조의 행세본(行世本)은 후손들을 훌륭하게 기르며 또한 자랑스런 문중(門中)의 문화(文化)로 자리 매김되는 것이다.

Ⅱ. 서포(西浦) 김만중(金萬重)의 어머니[2]

서포(西浦)의 아버지는 정축호란(1637년. 청의 침입) 때 강화도에서 순절(殉節)한 충정공(忠正公) 김익겸(金益兼)이며 어머니는 정경부인(貞敬夫人) 해평[3] 윤씨(海平尹氏)다. 윤씨 부인은 고조(高祖) 영의정 해원부원군문정공두수(海原府院君文靖公斗壽), 증조(曾祖) 영의정 문익공방(文翼公昉), 조(祖) 해숭위문목공신지(海嵩尉文穆公新之)에 이은 인조(仁祖) 때의 이조참판인 아버지 지(墀)와 어머니 정부인(貞夫人) 남양 홍씨(洪氏. 경기감사 홍명원의 녀) 사이에 무남독녀로 태어났다. 열네 살에 광산 김씨가(光山金氏家)로 시집와서 부도(婦道)에 어긋남이 없고 가례(家禮)에 성신(誠信)했는데 남편이 순절(殉節)했을 때 서포(西浦)는 복중(腹中)에 있었으며 장남(長男) 문충공(文忠公) 만기(萬基)는 겨우 다섯 살이었다. 난(亂)을 피하여 강화도에 피난 온 친정어머니 홍씨의 우소(寓所)인 포구(浦口)에서 배를 얻어 타고 구사일생(九死一生)으로 생존(生存)하여 배 위에서 서포(西浦)를 출산(出産)하였다.(그래서 서포의 아명(兒名)

---

[2] 서포 김만중이 쓴 尹氏行狀을 참고로 언행과 교육 등의 내용을 요약한 것임
김만중: 호는 서포, 시호는 문효, 충정공 익겸의 유복자. 1665년 정시문과 장원, 1671년 암행어사, 이후 동부승지, 예조참의, 공조판서, 1685년 홍문관 예문관 대제학, 1689년 남해도로 유배. 구운몽, 사씨남정기 등 저술.
[3] 경상북도 善山의 海平으로 尹氏의 本貫(本鄕)임.

이 선생(船生)이다) 그때의 상황을 윤씨부인(尹氏婦人)은 훗날 이렇게 전하였다.

"정축화란(丁丑禍亂)에 천행(天幸)으로 죽지 않았다. 성 안을 보니 연기와 불꽃이 하늘을 덮고 죽어가는 사람들의 아우성이 사방에서 들리니 살고 싶은 마음 없어져 빠져죽기로 결심하고 물밑으로 가니 깊이가 허리에 찼다. 마침 계집종과 어머니께서 함께 나가는 배를 불러 나를 배에 올리니 이때 만중(萬重)이 잉태(孕胎)되어 달이 찼는지라 온몸이 얼고 젖어 으슥하도록 생기(生氣)가 없다가 우연히 깨어났으니 이는 하늘이 자손(子孫)을 보전(保全)하게 하심이라. 내 이러므로 다행(多幸)히 살아남은 천행(天幸)이라. 무릇 부인이 절개를 보전하여 다시 살아남는 천행(天幸)을 어찌 막겠는가… 만일 사람이 난(亂)을 만나면 죽기로 결단할 것이다."

윤씨부인은 숙종의 국구(國舅) 광성부원군문충공(光城府院君文忠公) 김만기(金萬基), 서포문효공(西浦文孝公) 만중(萬重) 등 두 아들과 인경왕후(仁敬王后)[4]를 비롯 많은 손자녀(孫子女)를 두었으며 언행(言行)이 규중(閨中)의 모범(模範)이 된 여인이었다. 그는 호란이 안정되자 우선 친정(親庭)에 의탁, 부모(父母)를 아들 역할로 봉양(奉養)하고 두 아들의 교육에 헌신(獻身)하였다. 스승이 없으니 스스로 자애(慈愛)롭되 공부과정(工夫過程)은 매우 엄격히 하였으며, 매일 싸리나무 묶음을 마련하여 회초리로 교육시켜 달라며 시숙(媤叔)인 문정공익희(文貞公益熙. 서포의 仲父)에게 맡기기도 했다.
  혹여 꾸짖을 때는 발을 쳐서 자신의 얼굴 표정을 보이지 않았으며 체벌(體罰) 때는 왼손에 물대접을 들고 오른손의 회초리로 매를

---

4) 김만기의 딸. 김만기는 4남3녀를 두었으며 4남은 숭정대부호조판서 진구, 양관대제학 진규, 진서, 진부 등 모두 학문에 뛰어났다.

치니 곧 사랑의 매였다. 소학(小學), 사략(史略), 당시(唐詩) 등은 손수 가르쳤으며 항상 "너희는 남과 같지 않으니 남보다 한층 더 해야 겨우 남과 겨룰 것이다. 사람들은 행실(行實) 없는 자를 꾸짖어 반드시 과부(寡婦)의 자식이라 하나니 이 말을 뼈에 새겨라" 하였으며 허물이 있으면 "너희 아버지가 너희 형제를 나에게 부탁하고 세상을 버렸으니 너희가 이러면 내가 무슨 면목(面目)으로 지하에 가서 너희 아버지를 뵙겠는가? 학문을 아니 하려면 죽느니만 못하다"고 하였다. 난리가 지난 지 얼마 아니 되어 서책 구하기가 어려우니 끼니 마련할 곡식으로 맹자(孟子), 중용(中庸)을 구입, 베틀의 명주를 잘라 좌전(左傳)을 사들이기도 했으며 옥당(玉堂)에서 사서(四書)와 시전언해(詩傳諺解)를 빌려 손수 베껴주어 자식들을 교육하였다. 윤씨부인은 스스로 미망인(未亡人)이라 일컫고 종신(終身)토록 몸에 빛난 옷을 걸치지 않았고 연회(宴會)에도 나가지 않았으며 가무음곡(歌舞音曲)은 가까이 하지 않았다. 두 아들은 이러한 부인(夫人)을 헤아려 바르게 성장(成長)하였다.

　1653년 장남 만기(萬基)가 과거급제 했는데 "이는 진실로 문호(門戶)의 경사다. 어찌 내 한 몸의 경사이겠는가" 하며 오히려 근신하였으며 1665년 차남 만중(萬重)이 과거에 장원급제하였고, 1667년 만기가 이품(二品) 벼슬을 하게 되자 윤씨는 정부인(貞夫人)이 되었다. 어릴 때 늘 품에 안고 정(正)으로 가르친 손녀가 열한 살에 세자빈이 되더니 1674년 숙종비(仁敬王后)가 되자 만기는 부원군(府院君), 윤씨는 정경부인(貞敬夫人)이 되었으나 연회(宴會)는 열지 않았다.

　항상 바른말의 충간(忠諫)으로 왕의 노여움을 산 서포가 귀양을 갈 때도 "영해의 행차는 옛사람도 면치 못하였던바 스스로 사랑하고 내 염려는 말라" 하였으며 또 기사사화 때 서포와 세 손자가 겨우 사형을 면하고 모두 남해(南海)에 위리안치(圍籬安置) 됐을 때도 "가정의 환란(患亂)을 당했다고 위축되지 말고 쓸데없다 해서 학업을

폐(廢)하지 말라"라고 하며 근심 걱정을 드러내지 않고 태연하였다. 조금만 색다른 반찬이 있으면 "우리 집 음식이 본래 이와 같지 않았다" 하며 근검을 지켰다.

  말년(末年)에 장남 만기가 모친(母親) 윤씨의 수의(襚衣, 壽衣)를 마련하매 "1637년 너의 아버지가 상사(喪事)에 갖추지 못했는데 나에게 그보다 잘할 수는 없다. 한 광중(壙中)에 장사(葬事) 지내며 후박(厚薄)이 서로 다르다면 어찌 능(能)히 편안하겠는가" 하며 끝까지 거절하였다. 두 아들을 모두 홍문관(弘文館), 예문관(藝文館)의 양관대제학(兩館大提學)으로 키웠고 언행(言行)이 규중범(閨中範)이었으며 국문학(國文學)의 태두(泰斗) 서포의 어머니인 해평윤씨는 1617년 9월 25일에 태어나고 1689년 12월 22일에 졸(卒)하였으니 향년(享年) 73세였다. 손자 진화(金鎭華)[5]와 증손자 춘택(春澤)[6]이 영구(靈柩)를 받들어 1690년 2월 21일에 충정공(忠正公)과 합장(合葬)<당시 회덕현 정민리(貞民里), 현 대전 유성구 전민동. 시부(媤父) 허주공묘역상단(虛舟公墓域上端)> 하였다.

---

5) 진화(鎭華): 서포의 1남1녀 중 子. 충주목사를 지냄
6) 춘택(春澤): 1670~1717. 호는 북헌, 광영군에 봉, 시호는 忠文. 광성부원군 만기의 손자로 호조판서 진구의 아들. 기사환국 때 여러 번 유배, 갑술옥사로 풀려남. 종조부 만중의 「구운몽」과 「사씨남정기」를 漢文으로 번역함. 이조판서에 추증. 시문집 10권을 남김.

| 先祖 사랑 ② |

情出於近 禮出於情

　某 士大夫 집안에 喪事가 있었다. 외아들인 喪主가 三晝夜 食飮全廢의 哭 中에 그 아내가 다가가 근심스레 "… 요기라도 하셔야죠. 행여 … 두렵습니다." 하며 祭酒盞을 건넸다. 아내의 情을 느꼈음인지 喪主는 盞을 조심스레 받아 한 모금씩 다 마셨다. 마당에 모여 있던 많은 弔問客들이 이를 보고 수근대며, 마침 옆에 있던 愼獨齋 金集 先生에게 물었다. "士大夫 喪禮에 어긋남이 아닌지요 …"
　愼獨齋가 조용히 답하였다. "문득 내 先代일-충훈부 경력공 金克羞는 부친 左議政 喪事 時 그 슬퍼함이 과하여 服制를 마치지 못하고 卒하니 33才였다.-이 생각납니다. 저 여인은 지아비가 행여 과한 슬픔으로 脫盡, 絶氣할까 念慮되어 잠깐의 療飢라도 시킨 것이겠지요. 술잔이 아닌 한 술 밥이요, 바로 부부의 情이요, 情은 가까움에서 生하고 情에서 우러나는 行의 禮인 것이요, -情出於近 禮出於情- 是非를 가릴 일이 아닌 듯하오."
　"과연 禮學의 宗匠 沙溪의 子弟로군." 모두들 고개를 끄덕였다.
　오늘날도 비슷한 사례는 있다. 가난한 어머니가 이웃 양조장에서 술지게미를 얻어와 아들에게 아침밥 대신 먹여 학교에 보냈다. 오후에 담임교사가 가정방문, 아들이 취한 상태로 등교했으니 처벌하겠노라고 했다. 어머니 왈 "모든 게 제 잘못입니다. 밥을 지을 곡식이 없어

굶겨 보낼 수 없기에 술지게미를 얻어와 먹여 보냈습니다. 제 아들이 먹은 지게미는 제가 준 아침밥입니다."

   參羅萬像에 대한 解析은 指向眞善美의 一切唯心造다.

| 先祖 사랑 ③ |

祭禮小考 제례소고

Ⅰ. 序 – 祭禮(祭祀)는 선조(先代)와 후손(後代)을 잇는 문화·생활

　요즈음의 청년세대들은 연예인, 체육인 등에 대한 정보－출생지, 생일, 신체 정보, 가계 등에 대해서는 가히 전문가 급이다. 그런데 자가(自家·門)의 선조(先代)에 관한 일은 거의 모르고 있을 뿐만 아니라, 그 분들과 자신들을 이어주는 문중 문화요, 생활인 제례(祭祀)에 대해서는 미신, 속신, 유교적 종교로 잘못 이해하며 Taboo 시 하고 있다. 심지어 '왜 祭床·紙榜과 墓前에 절하느냐?'고 의문을 제기하는 사례도 있다. 미래를 경영할 청소년들의 이러한 회의적 인식 등이 염려되어 제례(이하 모두 제사로 논함)에 대한 나의 소신을 소고하고자 한다.

Ⅱ. 本 – 諸 제사 및 개념

　제사는 우리의 전통적 四禮 중 우리(나)와 선조(先代) 이어주는 유일한 문중 문화다. 뿌리 없는 나무 없고, 조상(先代) 없는 자손(後代) 없다. 오늘의 나는 철저히 선조로부터 비롯되었다. 제사는 그 선대와 나를 이어주는 作爲된 契機·機會다. 제사일에 문중 일가들이 함께 자리하여 상호 화합 敦睦하며 선조(先代)의 遺訓을 되새기고, 그에 따른 후대의 계획도 상의하는 가문의 정신문화적 삶의 하나인 것이다. 따라서 제사는 式薦도 중요하지만 정결한 정성, 공경의 자세로 참여하되 '모두가 한 핏줄'이라는 一體心이 우선되어야 한다. 家統傳承의 가치가 중시되어야 한다.

제사의 시작은 喪이다. 본고에서는 상례는 예외로 하고 그 외 제사의 종류와 간단한 설명으로 小考하려 한다.

1. 忌祭

고인이 돌아가신 날(忌日)에 해마다 지내는 제사로 朱子家禮로는 四代祖까지였으나 요즘은 (가정의례 준칙에 따라) 二代祖까지만 지낸다. 제사 시각도 자정부터 새벽 1시 사이였으나 요즘은 기일 저녁 해진 후 적당한 시각에 지내도 무방하다. 제주(장자 또는 장손)의 집에서 지내는데 제주가 부재 시 차자, 차손이 주재한다.

제사의 順을 약술한다.
1) 迎神 : 신맞이, (문을 열어 출입할 수 있게), 진설 및 지방 부착, (신주 모심)
2) 降神 : 제주분향(魂맞이; 하늘의 혼), 잔을 받아 茅沙器에 세 번에 비움(魄맞이; 땅의 백), 再拜
3) 參神 : 모든 자손이 신위께 인사(再拜)
4) 初獻 : 제주가 첫 번째 술잔을 올림(잔 심부름은 집사가 한다)
5) 讀祝 : 축관이 읽는다. 자손은 모두 跪(손바닥으로 짚고 무릎 꿇어 앉는다)
6) 亞獻 : 초헌 때와 같음, 차자 또는 차손, 주부가 올림

7) 終獻 : 아헌관 다음 자손
8) 添酌 : 종헌관이 세 번 따르고 남긴 7부의 잔을 세 번에 걸쳐 집사가 채운다(생략하는 경우도 있다).
9) 揷匙正箸 : 순가락을 안쪽이 동향되게 메에 꽂고, 젓가락을 가지런히 한다.
10) 闔門 : 자손 모두 다른 장소로 이동하고 문을 닫음. 歲一祀에서는 肅俟少頃이라 하여 엄숙한 자세로 고개를 약간 숙이고 묵념한다.
11) 啓門 : 축관이 헛기침한 후 문 열고 들어가는데, 이때 자손 모두 뒤를 따름.
12) 獻茶(進茶) : 羹(국)을 내리고 숭늉을 올림. 메를 세 술 떠서 물에 말고, 젓가락을 가지런히 한다.
13) 撤匙覆飯 : 숭늉 그릇의 수저를 거두고 메의 뚜껑 닫기
14) 辭神 : 신위의 물러가심, 자손 모두 재배, 밖에 나가 지방과 축문을 태운다.
15) 撤床 : 제상 위의 제수를 뒤쪽부터 물린다.
16) 飮福 : 자손 모두 한자리에 앉아 음식을 나누어 먹는다.

2. 茶禮

과거에는 매월 초하룻날 명절 등에 아침, 또는 낮에 지냈으나 오늘날에는 추석, 설날 등 節祀로 한다. 축을 읽지 않고 단잔 단배하는 無祝單酌이다. 지방은 둘 이상의 혼령을 한곳에 모아 제사를 지내는 合祀式으로 쓴다. 추석절에는 햇과일, 햇곡식을 제수로 쓴다.

3. 禰祭

季秋(9월)에 지내던 제사로서 전 달 하순에 제삿날을 정하고 제삿날 동이 틀 무렵 사당에 가서 신주를 正寢으로 모셔다가 지낸다.

오늘날에는 거의 지내지 않는다.

4. 四時祭

1년에 네 번(2, 5, 8, 11월) 상순의 丁日(天干의 일진이 丁으로 시작하는 날)이나 亥日(地支가 亥로 끝나는 날)에 지낸다. 제수와 제순은 忌祭와 같다. 요즘은 거의 지내지 않는다.

5. 墓祭

이율곡은 1년에 네 번(설, 한식, 단오, 추석)지낼 것을 주장하였으나 오늘날은 추석에는 차례로, 한식과 단오에는 묘제로 하는 경우가 많다. 산소의 왼쪽에 자리를 마련한 후 산신제를 올리고 묘전에서 차례의식으로 지낸다(무축단작).

6. 歲一祀

제주의 오대 이상 先祖妣에게 1년에 한 번(주로 음력 3월, 10월)지내는 제사로서 제수 및 순서는 忌祭와 같다. 다만 三炙을 올림에 있어 三祭于 뒤 肉炙을 올리고, 퇴주 후 撤炙, 亞獻 삼제우 뒤 魚炙, 퇴주 후 撤炙, 종헌 삼제우 뒤 鳥炙(鷄·雉)을 올리는 것이 다를 뿐이다.

대개 묘제로 지내며 날씨 기타 유고 시 재실에서 지낸다(必告由). 단 不祧之位, 不遷之位의 선조는 삼년에 한 번 式年(子, 卯, 午, 酉)에 묘제로 세일사를 대신한다. 이를 別祀라 한다.

7. 別祀의 선조

'나라에 큰 공훈이 있는 사람'으로 그 자손이 영원히 忌祭로 모시는 선조로서 다음과 같다.

1) 不祧之位(典) - 국가 공로자로 그 신주를 사당에 영구히 모셔

제사를 지내게 하는 특전으로서 王이 내린다. 어떤 일이 있어도 그의 신주는 祧廟(遠祖를 合祀하는 사당)에 遞遷(奉祀孫의 대가 다할 때–절손–최장방–사대 이내 항렬이 가장 높은 고령자가 제사를 지내도록 신주를 옮기는 것)을 하지 않는다.

2) 不遷之位(典) – 위와 모든 것이 동일하나 다만 문중이나 유림에서 추거하여 왕의 윤가를 받아야 하는 차이가 있다.

Ⅲ. 제사(례) 관련 참고 사항

1. 방위

묘와 祭床의 방위는 나침판과는(지남침)과는 다르다. 신위, 묘의 머리(뒤) 부분이 북이다.

그림으로 표시하면 아래와 같다.

※ 笏記를 읽을 때 '東向 立', '北向 立' 하는 뜻을 이해할 수 있을 것이다.

2. 墓界

조선 시대에는 묘의 넓이는 신분에 따랐다.

일품은 사방 100보, 이품은 90보, 삼품은 80보, 사품은 70보, 오품은 오십보, 생원과 진사는 40보, 일반 평민은 10보였다(1보는 60~70cm).

3. 墓碣銘

삼품 이하의 관리 묘전에 세우는 둥근 모양을 한 작은 돌비석에 죽은 자의 간단한 설명을 새긴 것이다.

4. 神道碑

이품 이상(판서, 참판 이상)의 고관의 묘전 또는 길목(묘의 동남쪽)

에 세우며 死者의 행장 및 공을 새겼다. 여기에는 명필과 명문이 많다.

5. 神主

밤나무 판(길이 24cm×폭 6cm)으로 제작하며 대가 끊이지 않고 이어짐을 기원하는 뜻이 있다. 밤을 심으면 싹이 트고 성목이 되며 첫 열매를 맺어야 심었던 씨가 뿌리에서 떨어지는 데에서 유래한다. 종이에 쓰면 紙榜이며 신주를 넣어두는 匱가 主櫝이다.

6. 茅沙器

그릇에 모래를 담고 중앙에 띠 묶음을 꽂은 것으로 재실이나 사당 또는 정침에서 제사할 퇴주기로 사용하며 地의 뜻이 있다.

7. 祠堂

신주 모시는 家廟로 조선 초에는 사대부가만 지었으나 선조 이후 일반화되었다. 집을 짓기 전에 사당부터 건립하였으며 정침 동편에 삼간으로 지었고, 안에는 四龕을 설치, 사대조 신주를 봉안하였다. 最尊位前에 香床을 놓았다.

8. 祝文

제의 축문은 축하하는 글이 아닌, '읽어서 신명께 고하는 글'이다. 몇 문장의 解를 例(祀―祀祝文에서 拔萃)한다.

- ■ 敢昭告于 – '감히 아뢰옵니다.'로 해석하는데 정확하게는 '감히 소(신명)께 아뢰옵니다.'로 해야 한다. 소의 뜻은 신명, 신위를 의미하기 때문이다. 昭(밝을 소)는 昭

穆 또는 소목佋穆으로서, 사당에 조상의 신주를 모시는 차례로, 왼쪽을 昭, 오른쪽을 穆이라하여 1세를 가운데 모시고 2, 4, 6세를 소에, 3, 5, 7세를 목에 모신다. 천자는 삼소삼목의 七廟가 되고, 제후는 이소이목의 五廟, 대부는 일소일목의 三廟가 된다. 따라서 축문의 소는 신위, 신주를 뜻한다.

- 顯祖考 – 조고는 '돌아가신 할아버지'를 뜻한다. 현은 '나타날 현', '드러나다', '바깥', '뚜렷함', '명백한' 등의 뜻이 있으나 축문에서는 '돌아가신 父祖妣에 대한 경칭'으로 해석한다.
- 深仁至德 – 覆燾後人 – 지극한 어짐과 덕으로 후손들을 감싸고 빛내시도다.
- 歲序雖遠 – 遺澤尙新 – 비록 세대는 머나 끼쳐 주시는 은혜가 늘 새롭습니다.
- 歲擧一祭 – 式薦明禋 – 일 년에 한번 제사 올리며 격식을 갖추어 정결히 제사 드립니다.
- 尙饗 – 흠향 하시옵소서.
- 雲仍畢會 – 雲孫(8대 위의 자손)과 仍孫(7대 이내의 자손)이 모두 모여, 즉 모든 자손들이 모두 한자리에 모였다는 의미.

9. 祭需의 陳設

1) 일반 원칙 – 지방의 관습, 가풍, 전통에 따라 차이가 있다. 상을 바라 보고 우는 동, 좌는 서로 하며 앞에서부터 果, 이열에 脯와 菜, 삼열에 湯, 사열에 炙과 煎, 맨 뒷줄에 메와 羹을 놓는다. 나름대로 일반적인 원칙이 있다.

- 棗栗柿梨 – (대추, 밤, 감, 배) 대추는 헛꽃이 없고, 밤은 반드시 대를 이으며, 감은 접붙여야 名柿가 됨으로 필히 교육을, 배는 양심 중시의 뜻으로 꼭 진설한다. 가문에 따라 紅東白西로 진설하는 사례도 있다.
- 生東熟西 – 익히지 않은 것은 동에, 익힌 것은 서에 놓는다 (예: 김치는 동, 나물은 서).
- 左脯右醯 – 포는 왼쪽, 젓갈은 오른쪽
- 魚東肉西 – 생선은 동, 고기는 서
- 東頭尾西 – 머리는 동향, 꼬리는 서향
- 乾左濕右 – 마른 것은 왼쪽, 젖은 것은 오른쪽
- 楪東盞西 – 접 시는 동, 잔은 서
- 右飯左羹 – 메는 우, 국은 좌(우는 동, 좌는 서)

2) 참고

- 菜와 湯은 꼭 써야 할 제수가 있다.
① 삼채 – 根菜(조상, 도라지 나물), 柱菜(현재의 우리, 고사리 나물), 葉菜(후손, 시금치 나물) ※ '조상―현재―후손'으로 이어지는 대대손손의 연결, 일체감을 상징
② 삼탕 – 육탕, 어탕, 素湯(두부와 다시마, 고기 없음)
③ 삼적 – 육적(쇠고기), 어적(조기 구이), 素炙(고기를 넣지 않은 채소 적, 주로 두부 적)
④ 신명의 술안주로 올리는 육적, 어적(숭어, 민어 등), 조적(닭 또는 꿩)은 육지, 해양, 천공에서 생산되는 것의 대표 음식으로 안주를 올린다는 정성을 의미한다. 오채, 오탕, 칠채, 칠탕을 진설할 수도 있다.

무릇 明禋(정결히 하여 제사지냄)할 일이다.

참고로 가정 의례 준칙 예시의 제찬도를 예시한다. (顯考妣 例)

Ⅳ. 結

상술한바 祭禮(祀)의 시작은 고인(선조)의 卒(황제는 崩, 제후는 薨, 사대부는 卒, 평민은 死) - 嗚呼哀哉일지라도 세월이 더 할수록 선대와 후손이 이어지는 문중 전통의 한 핏줄 확인, 선조의 가르침 되새기기 등 가문 축제의 성격으로 발전한다. 제사는 하나의 삶이며 가문별 특수 문화다. 문화는 생동, 생명력이 있을 때 더욱 가치 있게 미래로 이어진다. 제삿날에 온 문중이 함께 자리하여 선조님들과 대화하고, 당시의 행장 모습도 상상하며 오늘의 자손들과 비교하여 가문의 미래도 설계해 보는 등 선대의 가르침을 오늘에 되살려 새로운 宗中文化로 창달시킬 때 祀行의 참 값은 대대로 光輝되는 것이다. 제사는 결코 종손, 장손, 주胄孫만이 주인이 아닌, 참여자 모두의 종중, 문중 문화 행사로 활성화 되고 勝會(성대한 모임)로 承華되어야 한다. 뿌리 없는 나무가 있을 수 있겠는가? 溫故知新, 溫故之情(Longing for old time's)은 오늘도, 또 내일도 有效하다.

| 고을 사랑 |

大田의 近代建築文化財 小考

I. 序

　文化財란 삶의 痕迹이며 기록임과 아울러 역사의 증거이다. 有形, 無形, 국보, 보물, 지정, 등록, 또는 영광스러웠던 것, 치욕스러웠던 것 등등…… 이와같이 폭넓은 개념에도 불구하고 우리고장 大田은 1910년 이후에 조성된 짧은 역사성 때문에 文化財와는 거리가 먼 도시로 이해되기 쉽다. 그러나 이러한 약점은 오히려 도시조성이후의 자취를 보다 잘 보존하고 관리 할 수 있음으로써 장래에는 더욱 체계적이고 다양한 문화재적 자료를 확보할 수 있으며 이들의 '國寶化 可能性'을 극대화 할 수 있는 장점이 될 수도 있는 것이다.

II. 本

1. 개관

　대전 지역의 특성상 가장 「가능한 미래」를 중시, 건축문화재 측면에서만 探索해 본다.

대전은 1905년의 경부선철도 대전역 개통, 1912년의 호남선 연결, 1914년 대전면, 1931년 대전읍, 1949년 대전시, 1989년 대전직할시, 1995년 대전광역시 승격 등의 과정을 거치며 발전한, 조성역사 100년 남짓한 근대도시이다. 따라서 문화재적 가치로서의 건축물 탐색은 1905년 이후를 대상으로 할 限界가 있다. 이들 대상은 1932. 8 준공의 충청남도청, 1912년의 동양척식회사대전지점, 1921년의 목동 소재

현 충청남도 청사 전경

'거룩한 말씀의 수녀회' 성당, 1936년 준공의 옛 대전시청사(현 삼성화재), 1937년 중동의 산업은행 대전지점, 1937년의 대전여중 강당(현 대전갤러리), 1938년 대전삼성국교(현 한밭교육박물관). 1929년 대흥동의

대흥동 뾰족집

뾰족집, 1930년 성산교회목사관 등이며 1928년 준공의 옛 대전역사, 1935년의 대전중앙극장 등은 이미 사라져 탐색의 기회조차 없게 된 점

은 아쉬움으로 남는다. 위 대상건물의 소재지 및 지도상 위치, 문화재 자료로서의 등록 등을 표기하면 아래와 같다.

1920년대 대전역

대전지역의 근대건축(문화재자료) 개관 및 위치도

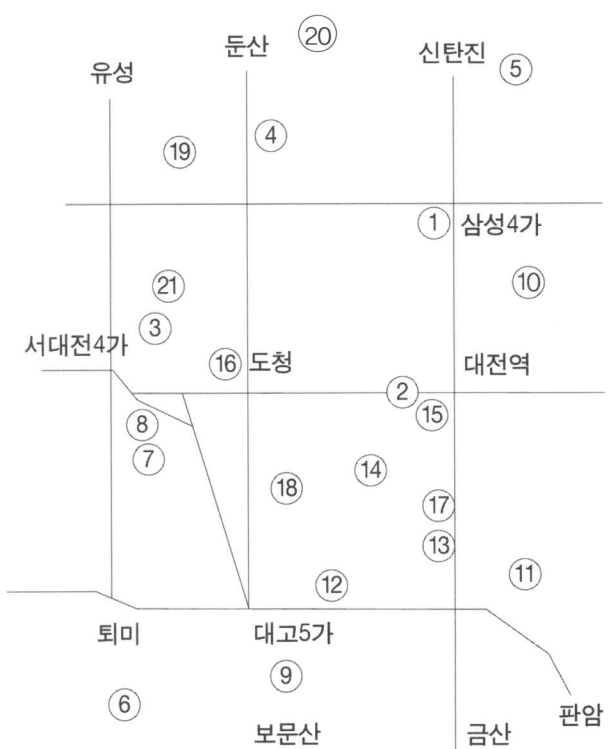

III. 餘滴-이야기로 보태다 169

근대건물	준공년도	소재지	등록 문화재자료
①삼성국교구교사	1938.6.8	동구 삼성동	제50호
②목척교	1910	동구 정동	
③영렬탑	1956	중구 선화동	
④대전형무소 망루	1939	중구 중촌동	제47호
⑤오정동선교사촌	1955	대덕구 오정동	제44호
⑥대사동 별당	1942		
⑦충청남도 관사촌	1930	중구 대흥동	
⑧충남지사 공관	1932.9.15	중구 대흥동	제49호
⑨뾰족 집	1929	중구 대흥동	
⑩철도청 보급창고	1955.10.15	동구 소제동	
⑪한전보급소	1930. 3	동구 신흥동	
⑫평원도민회	1955	중구 대흥동	
⑬조흥은행 대전지점	1951.12.16	동구 인동	제20호
⑭국립농산물품질관리원	1950	중구 은행동	
⑮구산업은행대전지점	1937.12	동구 중동	제19호
⑯충남도청	1932.8	중구 선화동	제18호
⑰구동양척식회사 대전지점	1921	동구 인동	
⑱구대전여중강당	1937	중구 대흥동	제46호
⑲거룩한 말씀의 수녀회 성당	1921	중구 목동	제45호
⑳수운교 천단	1929	유성구 추목동	제28호
㉑구대전사범부속초교장관사	1930	중구 선화동	제169호

2. 探索

위와 같이 대전의 지정 및 등록문화재적 가치가 있는 건축물은 20여 개가 되는 데 여기서는 현 충청남도청사와 대전여중강당(현 대전갤러리)에 대해서 살펴본다.

1) 충청남도청사

충청남도청사건물은 근대의 독특한 건축양식이 그대로 남아있는 건축사적 가치 외에 1930년대 일제 강점기부터 현재에 이르는 충청남도 및 대한민국의 생생한 역사를 함께 한 살아있는 근대문화유산이다. 청사는 조선총독부 영선계 설계, 스스키켄지로 시공으로 1932년 8월 29일 준공의 대지 25,456㎡, 연면적 4,798㎡, 당시 건축면적 2,376㎡, 높이 11.21m, 건폐율 9.3%인 조적조구조이며 지하 1층, 지상 2층(3층은 1960년 충남대학교 이창갑 설계의 '모임 지붕' 형태로 증축한 것이며 재료와 양식의 부조화 등등, 보존여부는 연구과제로 남는다.) 평면배치는 중앙포치중심으로 凹자 형태의 좌우대칭, 슬래브지붕, 암갈색의 스크래치타일(프랑크로이드라이트가 도쿄호텔을 지을 때 일본의 정서를 표현하기 위하여 타일표면에 재봉선의 긁힌 자국을 내어 만든 타일 양식)의 외벽을 하고 있다. 평안남도의 도청과 같은 양식과 구조로 지었으며 허리돌림과 파라펫 상단은 화강암을 사용, 내진설계를 가미하여 건축하였다.

1층 로비기둥은 고딕건축에서 볼 수 있는 아치형 궁륭기둥형식으로 조성하였고 내부천장과 바닥에 여섯 종류의 무늬가 열두 곳에 산재해 있으며 건물의 외벽 상단에 정사각형을 45°로 교차시켜 8각을 형성, 중앙에 원, 둘레에 이등변삼각형을 돌출무

뇌로 구성한 장식을 총 53개나 배치하였다. 이는 당시의 건축장식에서 두루 사용했던 문양인데 이를 조선총독부의 오동나무모양이라고 잘못해석, 또는 이를 정치적으로 활용하려는 無知無明의 인사들에 의해 일부가 훼손돼 있어 보존상의 아쉬움으로 남는다.

도청은 1950. 6. 27부터 7. 16까지 대한민국 임시중앙청, 1952년 충청남도의회청사, 그리고 현재까지 충청남도청으로 기능하고 있는 한국근대사의 매우 중요한 자취로서 가치가 높으며 2012년 도청이 예산홍성신청사로 이전된 후에는 대전의 근대역사박물관으로 재탄생될 가능성이 제기되는 문화재이다.

2) 대전여중강당(현 대전갤러리)

1937년 준공된 강당은 대지 20,839㎡, 건축면적 360㎡의 지상 1층 조적조구조로서 높이 8.9m로, 애초에는 체육관으로 지었으나 현재는 미술관으로 사용되고 있다.

건물양식은 아르누보형의곡선을 지닌 牔栱지붕이며 우리나라 고유의 초가지붕을 닮아 매우 아름답다. 박공지붕의 처마 아래는 '고전주의적 벽돌치형쌓기'로 처마선을 둘렀으며 측면은 벽돌조에서 보기 어려운 넓고 네모진 광폭유리창을 설치하여 실내 조명을 도왔다 또 전후면의 상부벽에는 아치형의 창을 설치, 환기를 쉽게

하였다. 지붕은 당초에 마름모꼴 스레트로 파도치는 모양의 지붕면을 연출 했었으나 1996년의 개수때 아스팔트싱글지붕으로 공사하여 옛 모습이 사라진 아쉬움이 있다. 그나마 내부천장은 목조틀이 그대로 보존돼 있어 다행이다.

Ⅲ. 結

얼마 전의 등산길에 우연히 目不忍見-요즈음에 석공기계로 거칠게 만든 한 쌍의 武人石을 거창하게 세워놓은 어떤 門中의 先代墓群을 본적이 있다. 朝鮮의 陵墓禮에 명시돼 있으되「벼슬아치의 墓에 文人石은 可하나, 武人石은 陵-왕과 왕비의 무덤-에만 配置할 수 있으며 無知의 소치로 墓에 세웠더라도 이는 반역에 해당된다」인바, 先代의 遺産으로 제 잘난 멋 부리다가 先祖를 '역적만들기' 했으니 이 얼마나 痛歎可觀인가.

文化財는 존재 당시의 삶의 자취이며 모두의 것이다. 규모나 시대에 관계없이 본래의 모습 그대로 보존돼야 한다. 생활함에 조금 불편하다고 버려지거나 변조돼서는 안된다. 無知나 상식으로 變形돼서는 더더욱 안된다. 현재의 기준이나 삶의 모습으로 보완돼서도 안된다. 그런 면에서 근대에 생성된 자체로, 그대로의 모습으로 保存과 保全이가능한 大田이기에 근대의 문화재자료로 가치가 있었던 목척교, 시인박용래 가옥, 대전 중앙극장, 우남도서관 등 일부가 사라지고 버려진 것은 매우 안타까운 일이다.

文化財는 아름답고 영광스러운 자취만이 가치있는 것이 아니다. 때

건축 당시의 목척교 모습

로는 恥辱의 자취도 그대로 보존되어 후손을 깨우쳐주는 자료로 활용 될 수 있어야 한다. 중국 자금성의 '防火槽칼자국'은 중국의 屈辱, 영국군의 蠻行史蹟임에도 그대로 保全되고 있음을 볼 때 우리 역사 중 가장 치욕스러움의 상징이였다고 하여 조선총독부(옛 중앙청)을 완전 파괴, 소멸시켰던 것이 고연 옳은 결정이었을가 再考하게 한다.(독립기념관권역으로 옮겨 일제만행의 교육관, 자료관, 克日館으로 재활용하는 방안 강구 등등…)

보잘 것 없는, 비록 근대 생성의, 작은 삶의 흔적이라도 먼 훗날 대단한 가치의 문화재로 존재할 수 있다는 可能性을 擔保, 전문가들에 의한 지속적인 탐색, 관리, 보존, 보전이 이루어져야 할 곳이 우리 고장 大田이라고 확신한다.

"文化財는 수많은 榮辱의 주름살을 가득히 간직한 – 결코 후손들이 제멋대로 成形, 化粧시켜서는 안될 – 敬畏스런 老顔이다."

東方文字, 書契, 訓民正音, 韓契

우리 말♥글 사랑

초판 인쇄 2024년 12월 5일
초판 발행 2024년 12월 10일

지은이　김정수
펴낸이　강신용
펴낸곳　문경출판사
주　소　34623 대전광역시 동구 태전로 70-9 (삼성동)
전　화　(042) 221-9668~9, 254-9668
팩　스　(042) 256-6096
E-mail　mun9668@hanmail.net
등록번호 제 사 113

ⓒ 김정수, 2024
ISBN 978-89-7846-864-0　03810

값 15,000원

＊ 무단 복제 복사를 금함
＊ 잘못된 책은 교환해드립니다.